다락원

일본 비즈니스 상담을 위한
일본어 회화 〈실전편〉

지은이 김진성, 이성, 이시야마 데쓰야
펴낸이 정규도
펴낸곳 (주)다락원

초판 1쇄 발행 2017년 5월 26일
초판 2쇄 발행 2022년 7월 12일

책임편집 송화록, 최재영
디자인 김성희, 김희정
삽화 김지애

🏠**다락원** 경기도 파주시 문발로 211
내용문의: (02)736-2031 내선 460~465
구입문의: (02)736-2031 내선 250~252
Fax: (02)732-2037
출판등록 1977년 9월 16일 제406-2008-000007호

값 15,000원 (교재 + MP3 CD 1장)

ISBN　978-89-277-1167-4 18730
　　　　978-89-277-1165-0 (set)

http://www.darakwon.co.kr

- 다락원 홈페이지를 방문하시면 상세한 출판 정보와 함께 동영상 강좌, MP3 자료 등 다양한 어학 정보를 얻으실 수 있습니다.
- 다락원 홈페이지 자료실에서 MP3 파일(무료)을 다운로드 받으실 수 있습니다

무역 자유화, 규제 완화 등의 환경 개선에 의해 한일 경제 교류가 훨씬 활발해지고 있는 상황 속에서 두 나라의 비즈니스 파트너로서의 관계는 끊으려야 끊을 수 없는 관계가 되었습니다. 앞으로 아시아 지역, 나아가 전 세계적으로 국가 간 교류가 활발해질 것인바, 한일 간의 경제 교류 또한 지금보다 훨씬 확대되어야 함은 시대의 요구라고 생각합니다.

이러한 환경 변화에 따라 대일 비즈니스에 관여하고 있는 비즈니스맨에게 실무 비즈니스 일본어는 반드시 갖춰야 할 필수가 되었습니다. 이 책은 이러한 비즈니스맨의 업무에 실질적인 도움을 주어 비즈니스 상담을 원활히 이끌 수 있도록 다양한 비즈니스 장면으로 구성된 실무 일본어 교재입니다. 특히 사업상의 만남과 회사 소개, 접대 등 필요하다고 생각되는 장면을 선별해서 일본인과의 비즈니스 커뮤니케이션에 곧바로 사용할 수 있도록 고안했습니다.

또한, 일본인을 대할 때 필요한 기본적인 사항인 일본의 문화, 사고방식, 생활 습관 등에 대해서도 가급적 많이 넣어 학습 효과를 높일 수 있도록 하였습니다.

이번에 이 책을 출판함에 있어 다락원의 정규도 사장님과 일본어 출판부에 많은 도움을 받았습니다. 이 자리를 빌려 감사의 말씀을 드립니다. 앞으로도 미숙한 점은 더욱 노력해서 보완할 것이며 부족한 점이나 보충하고자 하는 점이 있다면 기탄없이 말씀해 주십시오. 마지막으로 이 책이 여러분들의 일본어 능력 향상과 일본과의 비즈니스에 많은 도움이 되기를 기원합니다.

2017년 5월
저자 일동

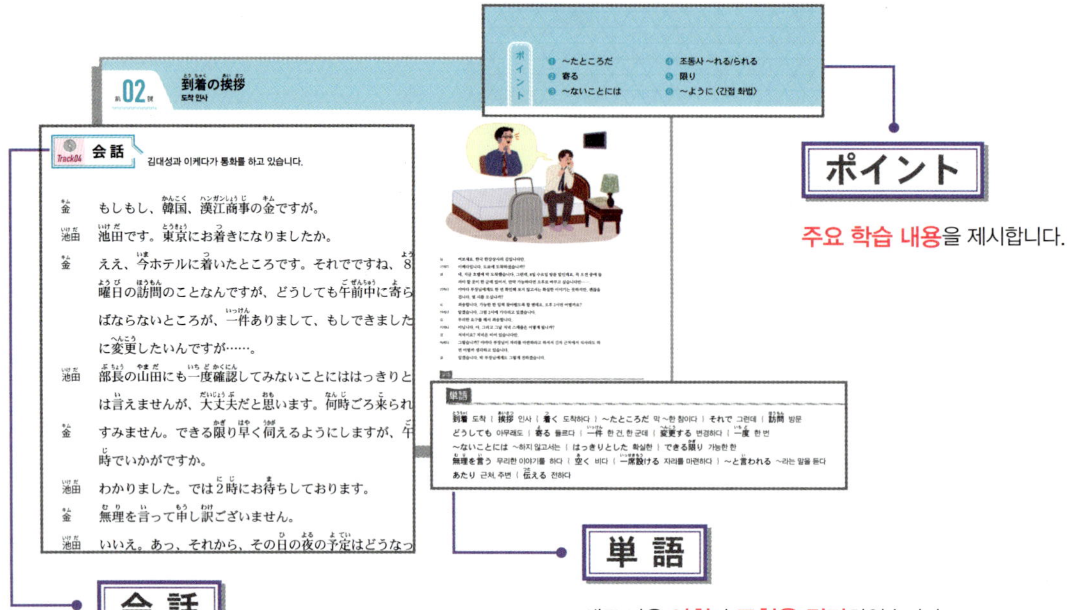

ポイント

주요 학습 내용을 제시합니다.

単語

새로 나온 어휘나 표현을 정리하였습니다.

会話

초중급 수준의 일본어로 구성된 비즈니스 대화문입니다. 생생한 표현들로 구성되어 현장감을 느낄 수 있고, 읽는 재미를 느낄 수 있도록 길면서도 쉬운 대화문으로 실었습니다.

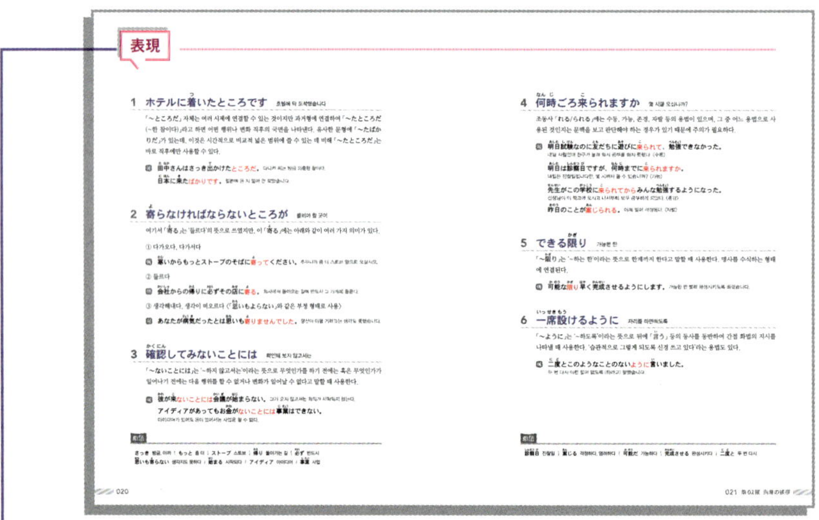

表現

회화문을 본격적으로 설명합니다. 초급 단계의 설명은 배제하였고, 주요 학습 내용에 대해 다룹니다. 문법을 중심으로 하되, 회화적 표현이나 어휘, 그리고 비즈니스 관련 표현 등 문법에 한정하지 않고 골고루 다루었습니다. 이해하기 쉽도록 상세 설명과 예문을 곁들였습니다.

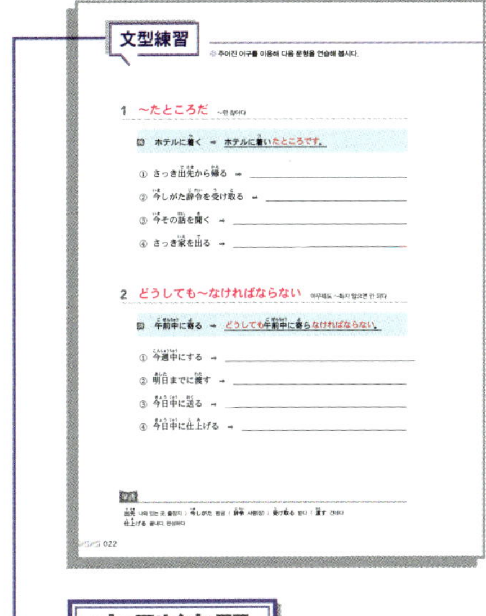

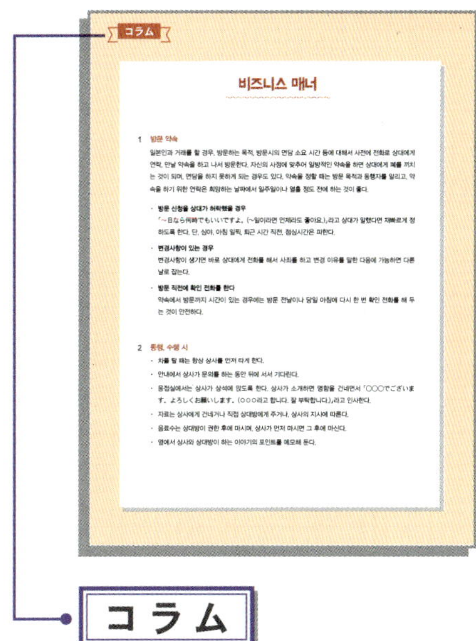

文型練習

앞에서 학습 내용을 확인하는 연습 페이지입니다. 주요 **문형을 직접 적어 보는 연습**을 통해 완벽히 숙지할 수 있고, 그 과정에서 다양한 표현까지 습득할 수 있습니다.

コラム

일본과의 비즈니스 상황에 관한 다양한 이야깃거리를 정리하였습니다. 실제 비즈니스에 참고할 수 있는 **실용적인 이야기**로 구성하였습니다.

MP3 CD

각 과의 **회화문과 회화연습이 녹음**되어 있습니다.

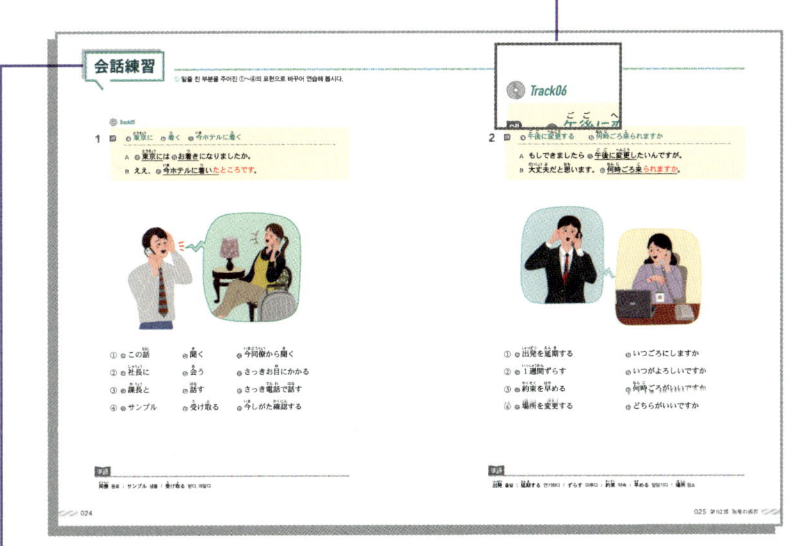

会話練習

앞에서 학습한 내용을 확인하는 연습 페이지입니다. 문형연습이 쓰기 연습이었다면, 회화연습은 **말하기 연습**입니다. 제시된 대화문을 다양한 표현으로 바꾸어 말하는 연습을 통해 이 책의 궁극의 목적인 회화 능력 향상을 꾀할 수 있습니다. 비즈니스에 실용적으로 활용할 수 있도록 최대한 다양한 표현, 비즈니스 상황에 필요한 표현 위주로 구성하였습니다.

第 **1** 章

しゅっちょう
出張

출장

第01課　**出張の通知**　출장 통지

第02課　**到着の挨拶**　도착 인사

出張の通知
출장 통지

🔊 Track01 会話

김대성과 이케다가 통화를 하고 있습니다.

池田 お電話代わりました。営業部の池田です。

金 韓国の漢江商事の金です。お世話になります。

池田 ああ、金課長、お久しぶりです。

金 実は11月初めに、部長の朴と、契約の件と市場調査をかねて1週間ほど日本に出張しようと思っているんですが。

池田 そうですか。11月の何日からいらっしゃるんですか。

金 今のところ11月6日の月曜日から1週間を予定しているんですが、それで池田課長のご都合をお伺いしようと思って、日本行きに先立ち、ご連絡差し上げた次第です。

池田 少々お待ちください。スケジュールを確認しますので。11月6日から、と。11月8日以降なら大丈夫ですが。

金 じゃ、11月8日水曜日の午前10時にそちらにお邪魔させていただいてもよろしいですか。

池田 ええ、かまいません。大丈夫です。

金 では、その時にお目にかかります。

池田 わかりました。楽しみにしております。

이케다	전화 바꿨습니다. 영업부의 이케다입니다.
김	한국 한강상사의 김입니다. 신세를 지고 있습니다.
이케다	아, 김 과장님, 오랜만입니다.
김	실은 11월 초에 박 부장님과 함께 계약 건과 시장조사를 겸해서 1주일 정도 일본으로 출장을 가려고 합니다만.
이케다	그렇습니까? 11월 며칠부터 오십니까?
김	지금으로써는 11월 6일 월요일부터 1주일 예정인데, 그래서 이케다 과장님의 사정을 여쭤 봐야겠다 싶어서, 일본행에 앞서 연락 드린 참입니다.
이케다	잠시 기다려 주세요. 스케줄을 확인해 보겠습니다. 11월 6일부터, 음. 11월 8일 이후라면 괜찮습니다만.
김	그럼, 11월 8일 수요일 오전 10시에 그쪽으로 찾아뵈어도 괜찮을까요?
이케다	예, 상관없습니다. 괜찮습니다.
김	그럼, 그때 뵙겠습니다.
이케다	알겠습니다. 기다리고 있겠습니다.

単語

出張 출장 ｜ **通知** 통지 ｜ **代わる** 바꾸다, 교대하다 ｜ **実は** 실은 ｜ **初め** 시작, (시기상) 초 ｜ **契約** 계약 ｜ **件** 건
市場調査 시장조사 ｜ **～をかねて** ～을 겸해서 ｜ **いらっしゃる** 계시다, 오시다, 가시다 〈いる, 来る, 行く의 존경어〉
今のところ 지금으로써는 ｜ **予定する** 예정하다 ｜ **伺う** 여쭙다, 듣다 〈聞く의 겸양어〉 ｜ **～行き** ～행 ｜ **先立つ** 앞서다
差し上げる 드리다 〈上げる의 존경어〉 ｜ **～次第だ** ～인 것이다, ～인 까닭이다 ｜ **スケジュール** 스케줄
確認する 확인하다 ｜ **以降** 이후 ｜ **～なら** ～라면 ｜ **邪魔する** 방해하다 ｜ **お目にかかる** 만나뵙다 〈会う의 겸양어〉
楽しみにする 기대하다

1 かねて　겸해서

동사「かねる」는 '겸하다'의 의미로, 사람이 두 가지 이상의 역할을 하거나, 물건이나 장소가 두 가지 이상의 효용을 가짐을 의미한다.

예 この部屋は台所が食堂を**かねて**いる。　이 방은 부엌이 식당을 겸하고 있다.

ソファーと寝台を**かねた**ものを買った。　소파와 침대를 겸한 것을 샀다.

運動を**かねて**街へ散歩に出かけた。　운동을 겸해 거리에 산책하러 나갔다.

山田先生は英語と音楽の先生を**かねて**いる。　야마다 선생님은 영어와 음악 선생님을 겸하고 있다.

2 お伺いしようと　여쭤 보려고

「伺う」는「聞く」,「訪問する」의 겸양어로, 기본형 자체도 겸양의 뜻을 나타낸다. 그런데 위 표현은 이러한 겸양어를 또다시「お＋동사 ます형＋する」라는 겸양 표현으로 만든 것이다. 보통 이를 가리켜 '이중 경어'라고 하는데, 규범적으로는 틀린 경어 용법이라고 다루는 경우가 많지만 실제로는 무시할 수 없을 정도로 많이 쓰이고 있다. 그 중, 전문가들에게 인정받은 것으로 보이는 대표적인 이중 경어에는 다음과 같은 것이 있다.

예 田中さんがそう**おっしゃられました**。　다나카 씨가 그렇게 말씀하셨습니다.
〈「おっしゃる」가 이미 경어인데 거기에 존경어를 만드는 조동사「〜れる」를 붙인 형태〉

お召し上がりください。　잡수십시오.
〈「召し上がる」가 이미 경어인데 거기에 존경어를 만드는 조동사「お〜になってください」의 축약형인「お〜ください」를 붙인 형태〉

3 日本行きに先立ち　일본행에 앞서

「〜に先立ち」는 '〜에 앞서'라는 뜻으로 무엇인가를 하기 전에 준비하는 것을 말할 때 사용한다. 명사나 동사의 기본형에 연결된다. 뒤에 명사가 올 때는「〜に先立つ」라는 형태가 되고「先立つもの」라고 하면 자금을 나타내는 경우가 많다.

예 講演会を開催する**に先立ちまして**、本日の講師を紹介します。
강연회를 개최함에 앞서 오늘의 강사를 소개하겠습니다.

家を買いたいが、**先立つ**ものがない。　집을 사고 싶은데 자금이 없다.

単語

台所 부엌 ┃ 食堂 식당 ┃ ソファー 소파 ┃ 寝台 침대 ┃ 運動 운동 ┃ 街 거리
おっしゃる 말씀하시다〈言う의 존경어〉 ┃ 召し上がる 드시다〈食べる, 飲む의 존경어〉 ┃ 講演会 강연회
開催する 개최하다 ┃ 本日 오늘 ┃ 講師 강사 ┃ 紹介する 소개하다

4 ご連絡差し上げた次第です　연락 드린 참입니다

「～次第だ」는 '~인 것이다, ~인 까닭이다'라는 뜻으로 어떠한 이유 때문에 그런 결과가 되었다는 것을 말할 때 사용한다. 명사를 수식하는 형태에 연결된다.

예　結局商談はまとまらず、こうして帰国した次第です。
결국 상담은 성사 안 되고 이렇게 귀국한 것입니다.

このような次第で、今回の出張は中止となりました。
이러한 까닭으로 이번 출장은 취소되었습니다.

5 お邪魔する　방해하다

「邪魔する」는 '방해하다'로 상대방의 일을 방해하거나 시간을 뺏는다는 의미에서 '방문하다'의 뜻으로도 자주 쓰이게 되었다. 또한 남의 집이나 방에 들어가기 전에 쓰는 말로도 많이 사용된다.

예　お邪魔じゃなければ後でちょっと相談があるんですが。
방해가 되지 않는다면 나중에 잠깐 상담할 것이 있는데요.

お邪魔します。 (방이나 집으로 들어가며) 실례합니다.

6 お邪魔させていただいてもよろしいですか
찾아뵈어도 괜찮을까요?

상대의 의향을 묻거나 허락을 구할 때 사용하는 「～てもいいですか」의 가장 정중한 표현으로 「동사의 사역형 + ていただいてもよろしいですか」가 있다. 「よろしい」는 「いい」의 겸양어이다.

예　この仕事私に任せていただいてもよろしいですか。 이 일, 제가 해도 괜찮을까요?
体の具合が悪いので明日休ませていただいてもよろしいですか。
몸 상태가 좋지 않으니 내일 쉬어도 괜찮을까요?

単語

結局 결국 ｜ 商談 상담, 장사 이야기 ｜ まとまる 정리되다, 결정이 나다 ｜ 帰国する 귀국하다 ｜ 今回 이번 ｜ 中止 중지
後で 나중에 ｜ 相談 상담, 의논 ｜ 任せる 맡기다 ｜ 体 몸 ｜ 具合 형편, 상태

文型練習

1 ～ほど～ようと<ruby>思<rt>おも</rt></ruby>っている　～정도 ～하려고 하다

> **예**　1<ruby>週間<rt>いっしゅうかん</rt></ruby> / <ruby>日本<rt>にほん</rt></ruby>に<ruby>出張<rt>しゅっちょう</rt></ruby>する
>
> ➡　1<ruby>週間<rt>いっしゅうかん</rt></ruby>ほど<ruby>日本<rt>にほん</rt></ruby>に<ruby>出張<rt>しゅっちょう</rt></ruby>しようと<ruby>思<rt>おも</rt></ruby>っているんですが。

① 3<ruby>日<rt>みっか</rt></ruby> / <ruby>旅<rt>たび</rt></ruby>に<ruby>出<rt>で</rt></ruby>る　➡ ______________________________

② 10<ruby>日間<rt>とおかかん</rt></ruby> / <ruby>海外旅行<rt>かいがいりょこう</rt></ruby>に<ruby>行<rt>い</rt></ruby>く　➡ ______________________________

③ 1<ruby>週間<rt>いっしゅうかん</rt></ruby> / <ruby>休暇<rt>きゅうか</rt></ruby>をとる　➡ ______________________________

④ <ruby>半年<rt>はんとし</rt></ruby> / <ruby>留学<rt>りゅうがく</rt></ruby>する　➡ ______________________________

2 ～に<ruby>先立<rt>さきだ</rt></ruby>ち　～에 앞서

> **예**　<ruby>日本行<rt>にほんゆ</rt></ruby>き　➡　<ruby>日本行<rt>にほんゆ</rt></ruby>きに<ruby>先立<rt>さきだ</rt></ruby>ち

① <ruby>開業<rt>かいぎょう</rt></ruby>　➡ ______________________________

② <ruby>出張<rt>しゅっちょう</rt></ruby>　➡ ______________________________

③ <ruby>会議<rt>かいぎ</rt></ruby>を<ruby>始<rt>はじ</rt></ruby>める　➡ ______________________________

④ プロジェクトを<ruby>立<rt>た</rt></ruby>ち<ruby>上<rt>あ</rt></ruby>げる　➡ ______________________________

単語

<ruby>旅<rt>たび</rt></ruby>に<ruby>出<rt>で</rt></ruby>る 여행에 나서다 | <ruby>海外旅行<rt>かいがいりょこう</rt></ruby> 해외여행 | <ruby>休暇<rt>きゅうか</rt></ruby>をとる 휴가를 얻다 | <ruby>半年<rt>はんとし</rt></ruby> 반년 | <ruby>留学<rt>りゅうがく</rt></ruby>する 유학 가다
<ruby>開業<rt>かいぎょう</rt></ruby> 개업 | <ruby>会議<rt>かいぎ</rt></ruby> 회의 | <ruby>始<rt>はじ</rt></ruby>める 시작하다 | プロジェクト 프로젝트 | <ruby>立<rt>た</rt></ruby>ち<ruby>上<rt>あ</rt></ruby>げる 가동하게 하다

3 お〜ください 〜해 주십시오

> 예 待つ ➡ **お待ちください。**

① 立ち寄る ➡ _______________________________

② 座る ➡ _______________________________

③ 申し付ける ➡ _______________________________

④ 読む ➡ _______________________________

4 동사 사역형 + ていただいてもよろしいですか 〜해도 괜찮겠습니까?

> 예 そちらにお邪魔する
> ➡ **そちらにお邪魔さ**せていただいてもよろしいですか。

① 会社を訪問する ➡ _______________________________

② 工場を見学する ➡ _______________________________

③ 取引を開始する ➡ _______________________________

④ 出向社員をおく ➡ _______________________________

単語

立ち寄る (지나는 길에) 들르다 ｜ 申し付ける 명령하다 ｜ 訪問する 방문하다 ｜ 工場 공장 ｜ 見学する 견학하다
取引 거래 ｜ 開始する 개시하다 ｜ 出向社員 파견사원 ｜ おく 두다

会話練習

🎵 *Track02*

1

예　ⓐ 11月の何日から　　ⓑ 11月6日から1週間

A　ⓐ 11月の何日からいらっしゃるんですか。
B　今のところ ⓑ 11月6日から1週間を予定しているんですが。

① ⓐ いつ　　　　　　　ⓑ 来月から3ヶ月間
② ⓐ 今月の何日　　　　ⓑ 6日から1週間
③ ⓐ どのくらい　　　　ⓑ 来年から1年
④ ⓐ どのくらい　　　　ⓑ 4年間

2 예 ⓐ 商談　　ⓑ 価格面で話がまとまらない　　ⓒ ご相談した

A ⓐ 商談はうまくいっていますか。

B ⓑ 価格面で話がまとまらないので、こうして ⓒ ご相談した次第です。

① ⓐ 開発　　ⓑ 苦戦している　　ⓒ ご相談に上がった

② ⓐ 販売　　ⓑ 追加生産が決まった　　ⓒ ご報告に上がった

③ ⓐ 新入社員の教育　　ⓑ 退社希望者が複数出た　　ⓒ お電話差し上げた

④ ⓐ 山本商事との顔つなぎ　　ⓑ 担当者が変わった　　ⓒ ご報告申し上げる

単語

価格 가격 ｜ ～面 ～면 ｜ うまくいく 잘되다 ｜ 開発 개발 ｜ 苦戦する 고전하다
上がる 찾아뵙다〈行く, たずねる의 겸양어〉｜ 販売 판매 ｜ 追加 추가 ｜ 生産 생산 ｜ 決まる 결정되다
報告 보고 ｜ 新入社員 신입 사원 ｜ 教育 교육 ｜ 退社 퇴사 ｜ 希望者 희망자 ｜ 複数 복수 ｜ 顔つなぎ 안면을 익힘
担当者 담당자 ｜ 変わる 바뀌다 ｜ 申し上げる 말씀드리다

到着の挨拶
도착 인사

Track04 会話

김대성과 이케다가 통화를 하고 있습니다.

金 　もしもし、韓国、漢江商事の金ですが。

池田　池田です。東京にお着きになりましたか。

金 　ええ、今ホテルに着いたところです。それでですね、8日の水曜日の訪問のことなんですが、どうしても午前中に寄らなければならないところが、一件ありまして、もしできましたら午後に変更したいんですが……。

池田　部長の山田にも一度確認してみないことにははっきりとしたことは言えませんが、大丈夫だと思います。何時ごろ来られますか。

金 　すみません。できる限り早く伺えるようにしますが、午後の2時でいかがですか。

池田　わかりました。では2時にお待ちしております。

金 　無理を言って申し訳ございません。

池田　いいえ。あっ、それから、その日の夜の予定はどうなっていますか。

金 　夜ですか。夜は空いておりますが。

池田　そうですか。部長の山田から一席設けるようにと言われておりまして銀座あたりで、食事でもと考えております。

金 　わかりました。朴にもそう伝えておきます。

김　　　여보세요, 한국 한강상사의 김입니다만.

이케다　이케다입니다. 도쿄에 도착하셨습니까?

김　　　네, 지금 호텔에 막 도착했습니다. 그런데, 8일 수요일 방문 말인데요, 꼭 오전 중에 들러야 할 곳이 한 군데 있어서, 만약 가능하다면 오후로 바꾸고 싶습니다만…….

이케다　야마다 부장님에게도 한 번 확인해 보지 않고서는 확실한 이야기는 못하지만, 괜찮을 겁니다. 몇 시쯤 오십니까?

김　　　죄송합니다. 가능한 한 일찍 찾아뵙도록 할 텐데요, 오후 2시면 어떨까요?

이케다　알겠습니다. 그럼 2시에 기다리고 있겠습니다.

김　　　무리한 요구를 해서 죄송합니다.

이케다　아닙니다. 아, 그리고 그날 저녁 스케줄은 어떻게 됩니까?

김　　　저녁이요? 저녁은 비어 있습니다만.

이케다　그렇습니까? 야마다 부장님이 자리를 마련하라고 하셔서 긴자 근처에서 식사라도 하면 어떨까 생각하고 있습니다.

김　　　알겠습니다. 박 부장님에게도 그렇게 전하겠습니다.

単語

到着 도착 ｜ **挨拶** 인사 ｜ **着く** 도착하다 ｜ **～たところだ** 막 ～한 참이다 ｜ **それで** 그런데 ｜ **訪問** 방문

どうしても 아무래도 ｜ **寄る** 들르다 ｜ **一件** 한 건, 한 군데 ｜ **変更する** 변경하다 ｜ **一度** 한 번

～ないことには ～하지 않고서는 ｜ **はっきりとした** 확실한 ｜ **できる限り** 가능한 한

無理を言う 무리한 이야기를 하다 ｜ **空く** 비다 ｜ **一席設ける** 자리를 마련하다 ｜ **～と言われる** ～라는 말을 듣다

あたり 근처, 주변 ｜ **伝える** 전하다

1 ホテルに着いたところです　호텔에 막 도착했습니다

「〜ところだ」 자체는 여러 시제에 연결할 수 있는 것이지만 과거형에 연결하여 「〜たところだ
(〜한 참이다)」라고 하면 어떤 행위나 변화 직후의 국면을 나타낸다. 유사한 문형에 「〜たばか
りだ」가 있는데, 이것은 시간적으로 비교적 넓은 범위에 쓸 수 있는 데 비해 「〜たところだ」는
바로 직후에만 사용할 수 있다.

> **예** 田中さんはさっき出かけた**ところだ**。다나카 씨는 방금 외출한 참이다.
>
> 日本に来た**ばかりです**。일본에 온 지 얼마 안 되었습니다.

2 寄らなければならないところが　들러야 할 곳이

여기서 「寄る」는 '들르다'의 뜻으로 쓰였지만, 이 「寄る」에는 아래와 같이 여러 가지 의미가 있다.

① 다가오다, 다가서다

> **예** 寒いからもっとストーブのそばに**寄って**ください。추우니까 좀 더 스토브 옆으로 오십시오.

② 들르다

> **예** 会社からの帰りに必ずその店に**寄る**。회사에서 돌아오는 길에 반드시 그 가게에 들른다.

③ 생각해내다, 생각이 떠오르다 〈「思いもよらない」와 같은 부정 형태로 사용〉

> **예** あなたが病気だったとは思いも**寄りませんでした**。당신이 아플 거라고는 생각도 못했습니다.

3 確認してみないことには　확인해 보지 않고서는

「〜ないことには」는 '〜하지 않고서는'이라는 뜻으로 무엇인가를 하기 전에는 혹은 무엇인가가
일어나기 전에는 다음 행위를 할 수 없거나 변화가 일어날 수 없다고 말할 때 사용한다.

> **예** 彼が来**ないことには**会議が始まらない。그가 오지 않고서는 회의가 시작되지 않는다.
>
> アイディアがあってもお金が**ないことには**事業はできない。
> 아이디어가 있어도 돈이 없어서는 사업은 할 수 없다.

単語

さっき 방금, 아까 ｜ もっと 좀 더 ｜ ストーブ 스토브 ｜ 帰り 돌아가는 길 ｜ 必ず 반드시
思いも寄らない 생각지도 못하다 ｜ 始まる 시작되다 ｜ アイディア 아이디어 ｜ 事業 사업

4 何時ごろ来られますか 몇 시쯤 오십니까?

조동사 「れる/られる」에는 수동, 가능, 존경, 자발 등의 용법이 있으며, 그 중 어느 용법으로 사용된 것인지는 문맥을 보고 판단해야 하는 경우가 있기 때문에 주의가 필요하다.

> **예** 明日試験なのに友だちに遊びに来られて、勉強できなかった。
> 내일 시험인데 친구가 놀러 와서 공부를 하지 못했다. 〈수동〉
>
> 明日は診察日ですが、何時までに来られますか。
> 내일은 진찰일입니다만, 몇 시까지 올 수 있습니까? 〈가능〉
>
> 先生がこの学校に来られてからみんな勉強するようになった。
> 선생님이 이 학교에 오시고 나서부터 모두 공부하게 되었다. 〈존경〉
>
> 昨日のことが案じられる。 어제 일이 걱정된다. 〈자발〉

5 できる限り 가능한 한

「〜限り」는 '〜하는 한'이라는 뜻으로 한계까지 한다고 말할 때 사용한다. 명사를 수식하는 형태에 연결된다.

> **예** 可能な限り早く完成させるようにします。 가능한 한 빨리 완성시키도록 하겠습니다.

6 一席設けるように 자리를 마련하도록

「〜ように」는 '〜하도록'이라는 뜻으로 뒤에 「言う」 등의 동사를 동반하여 간접 화법의 지시를 나타낼 때 사용한다. '습관적으로 그렇게 되도록 신경 쓰고 있다'라는 용법도 있다.

> **예** 二度とこのようなことのないように言いました。
> 두 번 다시 이런 일이 없도록 (하라고) 말했습니다.

単語

診察日 진찰일 ｜ **案じる** 걱정하다, 염려하다 ｜ **可能だ** 가능하다 ｜ **完成させる** 완성시키다 ｜ **二度と** 두 번 다시

文型練習

1 〜たところだ　〜한 참이다

> 예　ホテルに着く　➡　ホテルに着いたところです。

① さっき出先から帰る　➡　________________

② 今しがた辞令を受け取る　➡　________________

③ 今その話を聞く　➡　________________

④ さっき家を出る　➡　________________

2 どうしても〜なければならない　아무래도 〜하지 않으면 안 되다

> 예　午前中に寄る　➡　どうしても午前中に寄らなければならない。

① 今週中にする　➡　________________

② 明日までに渡す　➡　________________

③ 今日中に送る　➡　________________

④ 今日中に仕上げる　➡　________________

単語

出先 나와 있는 곳, 출장지 ｜ **今しがた** 방금 ｜ **辞令** 사령(장) ｜ **受け取る** 받다 ｜ **渡す** 건네다
仕上げる 끝내다, 완성하다

3　〜ないことには　〜지 않고서는

例　確認してみる　➡　確認してみ**ないことには**

① 話を聞いてみる　➡　_______________________________

② 実際に会ってみる　➡　_______________________________

③ 十分な時間が確保できる　➡　_______________________________

④ 顔が広い　➡　_______________________________

4　〜ようにと言われている　〜하라고 하다

例　一席設ける　➡　一席設ける**ようにと言われております。**

① ご覧いただく　➡　_______________________________

② ご検討いただく　➡　_______________________________

③ ご案内する　➡　_______________________________

④ ご招待する　➡　_______________________________

単語

実際に 실제로 ｜ **十分だ** 충분하다 ｜ **確保する** 확보하다 ｜ **顔が広い** 발이 넓다 ｜ **ご覧** 보심 ｜ **検討** 검토
案内 안내 ｜ **招待** 초대

⚙ 밑줄 친 부분을 주어진 ①~④의 표현으로 바꾸어 연습해 봅시다.

 Track05

1

例　ⓐ 東京に　ⓑ 着く　ⓒ 今ホテルに着く

A　ⓐ 東京には ⓑ お着きになりましたか。

B　ええ、ⓒ 今ホテルに着いたところです。

① ⓐ この話　　　ⓑ 聞く　　　ⓒ 今同僚から聞く

② ⓐ 社長に　　　ⓑ 会う　　　ⓒ さっきお目にかかる

③ ⓐ 課長と　　　ⓑ 話す　　　ⓒ さっき電話で話す

④ ⓐ サンプル　　ⓑ 受け取る　ⓒ 今しがた確認する

単語

同僚 동료 ∣ **サンプル** 샘플 ∣ **受け取る** 받다, 떠맡다

2

Track06

例
ⓐ 午後に変更する　　ⓑ 何時ごろ来られますか

A　もしできましたら ⓐ 午後に変更したいんですが。
B　大丈夫だと思います。ⓑ 何時ごろ来られますか。

① ⓐ 出発を延期する　　　　ⓑ いつごろにしますか
② ⓐ 1週間ずらす　　　　　ⓑ いつがよろしいですか
③ ⓐ 約束を早める　　　　　ⓑ 何時ごろがいいですか
④ ⓐ 場所を変更する　　　　ⓑ どちらがいいですか

単語

出発 출발 ｜ **延期する** 연기하다 ｜ **ずらす** 미루다 ｜ **約束** 약속 ｜ **早める** 앞당기다 ｜ **場所** 장소

비즈니스 매너

1 방문 약속

일본인과 거래를 할 경우, 방문하는 목적, 방문시의 면담 소요 시간 등에 대해서 사전에 전화로 상대에게 연락, 만날 약속을 하고 나서 방문한다. 자신의 사정에 맞추어 일방적인 약속을 하면 상대에게 폐를 끼치는 것이 되며, 면담을 하지 못하게 되는 경우도 있다. 약속을 정할 때는 방문 목적과 동행자를 알리고, 약속을 하기 위한 연락은 희망하는 날짜에서 일주일이나 열흘 정도 전에 하는 것이 좋다.

· 방문 신청을 상대가 허락했을 경우

「～日なら何時でもいいですよ。(～일이라면 언제라도 좋아요.)」라고 상대가 말했다면 재빠르게 정하도록 한다. 단, 심야, 아침 일찍, 퇴근 시간 직전, 점심시간은 피한다.

· 변경사항이 있는 경우

변경사항이 생기면 바로 상대에게 전화를 해서 사죄를 하고 변경 이유를 말한 다음에 가능하면 다른 날로 잡는다.

· 방문 직전에 확인 전화를 한다

약속에서 방문까지 시간이 있는 경우에는 방문 전날이나 당일 아침에 다시 한 번 확인 전화를 해 두는 것이 안전하다.

2 동행, 수행 시

· 차를 탈 때는 항상 상사를 먼저 타게 한다.

· 안내에서 상사가 문의를 하는 동안 뒤에 서서 기다린다.

· 응접실에서는 상사가 상석에 앉도록 한다. 상사가 소개하면 명함을 건네면서 「○○○でございます。よろしくお願いします。(○○○라고 합니다. 잘 부탁합니다.)」라고 인사한다.

· 자료는 상사에게 건네거나 직접 상대방에게 주거나, 상사의 지시에 따른다.

· 음료수는 상대방이 권한 후에 마시며, 상사가 먼저 마시면 그 후에 마신다.

· 옆에서 상사와 상대방이 하는 이야기의 포인트를 메모해 둔다.

第 2 章

<ruby>取<rt>とり</rt>引<rt>ひき</rt></ruby>と<ruby>契<rt>けい</rt>約<rt>やく</rt></ruby>

取引と契約

거래와 계약

新規取引の申し込み1
신규 거래 신청1

Track07 会 話

김대성이 회사 로비의 안내원과 이야기를 하고 있습니다.

案内　いらっしゃいませ。

金　あの、すみません。販売部は何階でしょうか。

案内　お約束でしょうか。

金　いいえ、アポは取ってないんですが、販売課長の岡村様にお会
いしたいんです。

内　どのようなご用件でございましょうか。

金　海外への輸出向け商品の新規取引の件で相談したいことがあり
まして。

案内　失礼ですが、お名前は。

金　申し遅れました、漢江商事の金と申します。

案内　漢江商事の金様ですね。少々お待ちください。

案内　お待たせいたしました。岡村は今席におります。あちらの突当
たりを右に行かれますとエレベーターがございます。１６階が
販売部でございます。

金　突当たりを右にですね。わかりました。どうもありがとうござ
います。

案内　いいえ、どういたしまして。

안내	어서 오십시오.
김	저, 실례합니다. 판매부는 몇 층인가요?
안내	약속하셨습니까?
김	아니요, 약속은 하지 않았지만, 판매과장님인 오카무라 님을 만나고 싶습니다만.
안내	무슨 용건이십니까?
김	해외 수출용 상품 신규 거래 건으로 상담하고 싶은 것이 있어서요.
안내	실례지만, 성함이?
김	말씀이 늦었네요, 한강상사의 김이라고 합니다.
안내	한강상사의 김 님이시군요. 잠시 기다려 주십시오.

안내	오래 기다리셨습니다. 오카무라는 지금 자리에 있습니다. 저 끝에서 오른쪽으로 가시면 엘리베이터가 있습니다. 16층이 판매부입니다.
김	끝에서 오른쪽으로요. 알겠습니다. 정말 감사합니다.
안내	아니요, 천만의 말씀입니다.

単語

新規 신규 ┃ **申し込み** 신청 ┃ **販売部** 판매부 ┃ **約束** 약속 ┃ **アポを取る** 약속을 잡다 ┃ **用件** 용건 ┃ **海外** 해외
輸出 수출 ┃ **〜向け** 〜용 ┃ **商品** 상품 ┃ **件** 건 ┃ **相談する** 상담하다, 의논하다 ┃ **申し遅れる** 말씀드리는 것이 늦어지다
席 자리 ┃ **おる** 있다 〈いる의 공손한 말씨〉 ┃ **突当たり** 막다른 곳

1 いらっしゃいませ   어서 오십시오

「いらっしゃいませ」는 주로 손님에게 사용하는 인사 표현으로 '어서 오십시오'라는 의미이다. 이것은 상업적인 장면에서 쓰이는 인사이지만 집을 방문한 손님에게도 쓰는 실수를 종종 볼 수 있다.

> 예 いらっしゃいませ。何をお探しですか。 어서 오십시오. 무엇을 찾으십니까?
>
> いらっしゃいませ。何名様ですか。 어서 오십시오. 몇 분이십니까?

2 何階でしょうか   몇 층인가요?

「〜でしょうか」는 '〜일까요?' 정도의 뉘앙스로 쓰이는 것으로 「〜ですか」보다 약간 부드러운 어감을 준다.

> 예 中山部長はすぐお戻りでしょうか。 나카야마 부장님은 바로 돌아오실까요?
>
> ここは営業部でしょうか。 여기는 영업부인가요?

3 アポは取ってないんですが   약속은 하지 않았지만

「アポ」는「アポイントメント」의 준말이며 '면회 약속'이라는 뜻으로 비즈니스 대화에서 많이 사용된다. 약속이 없는 상태를「アポなし」라고 하고 '약속 없이'라는 뜻으로「アポなしで」라고 한다. 또 그런 방문을「アポなし訪問」이라고도 한다.

> 예 急にアポなしで訪ねて来られても困ります。 갑자기 약속 없이 찾아오면 곤란합니다.

単語

探す 찾다 ｜ 何名様 몇 분 ｜ 急に 갑자기 ｜ 〜なしで 〜없이 ｜ 訪ねる 방문하다 ｜ 困る 곤란하다

4　海外への輸出向け商品　해외 수출용 상품

「〜向け」는 '〜용, 〜을 대상으로'라는 뜻으로 어떠한 대상을 상정해서 만들어진 것에 붙여서 사용한다.

例　今日は転職希望者向けの説明会がある。　오늘은 전직 희망자를 대상으로 한 설명회가 있다.
　　これは子供向けに書かれた本です。　이것은 어린이용으로 쓰인 책입니다.

5　失礼ですが、お名前は　실례지만 성함이?

「失礼ですが、お(ご)〜は」는 처음 만난 사람에게 그 사람에 대해서 물을 때 사용한다.

例　失礼ですが、お電話番号は。　실례지만, 전화번호가?
　　失礼ですが、ご住所は。　실례지만, 주소가?

「失礼ですが、お名前は何ですか」、「失礼ですが、お電話番号は何番ですか」、「失礼ですが、どこに住んでいますか」라고 말하는 것보다는 위의 예와 같이 말하는 것이 상대방에게 좋은 인상을 준다.

6　申し遅れました　말씀이 늦었네요

이것은 자기소개 등 당연히 그 전에 말했어야 하는 것을 빼먹었을 때 사용하는 표현으로 '인사가 늦었습니다' 정도의 뜻이다.

例　A: 失礼ですが、どちら様ですか。　실례지만 누구십니까?
　　B: あ、これはこれは、申し遅れました。私、販売課長の吉田と申します。
　　　아, 이런 이런, 인사가 늦었습니다. 저는 판매과장 요시다라고 합니다.

単語

転職　전직, 이직 ｜ 希望者　희망자 ｜ 説明会　설명회

◎ 주어진 어구를 이용해 다음 문형을 연습해 봅시다.

1 お〜したいんです 〜고 싶은데요 〈겸양어〉

> 예　会う　➡　お会いしたいんです。

① 聞く　➡　_______________________

② 呼ぶ　➡　_______________________

③ 届ける　➡　_______________________

④ 見せる　➡　_______________________

2 〜の件で相談したいことがありまして

〜건으로 상담하고 싶은 것이 있어서

> 예　新規取引　➡　新規取引の件で相談したいことがありまして。

① 住宅ローン　➡　_______________________

② 今後の人事　➡　_______________________

③ 人事異動　➡　_______________________

④ 有給休暇　➡　_______________________

単語

届ける 전하다 ┃ **住宅** 주택 ┃ **ローン** 론, 대부 ┃ **今後** 앞으로, 차후 ┃ **人事** 인사 ┃ **人事異動** 인사 이동
有給休暇 유급 휴가

3 失礼ですが、〜は　〜실례지만, 〜는?

> 예　お名前　➡　**失礼ですが、お名前は。**

① お年　➡　_______________________________

② お子様　➡　_______________________________

③ ご両親　➡　_______________________________

④ ご職業　➡　_______________________________

4 〜（ら）れますと　〜하시면

> 예　右に行く　➡　右に行かれますと

① 右に曲がる　➡　_______________________________

② まっすぐ進む　➡　_______________________________

③ 階段を上がる　➡　_______________________________

④ 玄関を出る　➡　_______________________________

単語

お子様 자제분 ｜ **両親** 양친, 부모님 ｜ **職業** 직업 ｜ **曲がる** 돌아가다 ｜ **進む** 나아가다 ｜ **階段** 계단 ｜ **玄関** 현관

Track08

1 예
ⓐ お名前　　ⓑ 漢江商事の金と申します

A 失礼ですが、ⓐお名前は。
B 申し遅れました、ⓑ漢江商事の金と申します。

① ⓐお名前　　　　　　　　ⓑ山下と申します
② ⓐご用件　　　　　　　　ⓑ新薬の販売で参りました
③ ⓐご専攻　　　　　　　　ⓑ電子工学をやっておりました
④ ⓐご出身　　　　　　　　ⓑ生まれも育ちも東京です

単語

新薬 신약 ｜ **専攻** 전공 ｜ **電子工学** 전자 공학 ｜ **出身** 출신 ｜ **生まれ** 출생 ｜ **育ち** 자람

2 [예]　ⓐ突当たり　ⓑ右に　ⓒ行く　ⓓエレベーター

A　ⓐ突当たりを　ⓑ右に　ⓒ行かれますと　ⓓエレベーターがあります。

B　ⓐ突当たりを　ⓑ右にですね。わかりました。

① ⓐ角　　ⓑ左に　　ⓒ曲がる　　ⓓ薬局

② ⓐ信号　　ⓑ右に　　ⓒ折れる　　ⓓ喫茶店

③ ⓐこの道　　ⓑまっすぐ　　ⓒ行く　　ⓓホテル

④ ⓐ三差路　　ⓑ右に　　ⓒ行く　　ⓓ6階建てのビル

単語

角 모퉁이 ｜ 薬局 약국 ｜ 信号 신호 ｜ 折れる 돌아가다 ｜ 喫茶店 찻집, 다방 ｜ 道 길 ｜ 三差路 삼거리
～階建て ～층 건물

新規取引の申し込み２

신규 거래 신청 2

Track10　会話

김대성이 오카무라를 방문하고 있습니다.

金　はじめまして。私は漢江商事の金と申します。

岡村　はじめまして。私は販売部の岡村です。ところで今日はどういったご用件で。

金　はい、突然のことで誠に恐縮ではございますが、弊社と新規に取引をお願い申し上げたく、お邪魔させていただいた次第でございます。

岡村　そうですか。飛び込みということですね。

金　ええ、まあ。

岡村　我が社は老舗との取引が多いため、基本的には新規の取引は行わないことにしているんですが。

金　貴社のそのような事情は十分に知っての上、今日は無理を承知でやって参りました。

岡村　そう言われても、会社の方針を曲げるわけにはいきませんので。

金　ご無礼かとは存じますが、せめてお話だけでもお聞きいただけないでしょうか。

岡村　聞いたところでどうにもならないとは思いますが、それじゃ、手短にお願いします。

金　ありがとうございます。

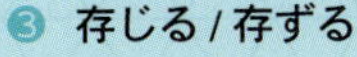

김	처음 뵙겠습니다. 저는 한강상사의 김이라고 합니다.
오카무라	처음 뵙겠습니다. 저는 판매부의 오카무라입니다. 그런데 오늘은 무슨 용건으로?
김	네, 갑작스럽게 방문해 정말 죄송합니다만, 저희 회사와 신규로 거래를 해 주시길 부탁 드리고자 찾아뵙게 된 것입니다.
오카무라	그렇습니까? (아무런 연고도 없이) 무작정 오신 거군요.
김	예, 그렇습니다.
오카무라	저희 회사는 노포와의 거래가 많기 때문에 기본적으로 신규 거래는 하지 않는 것으로 하고 있습니다만.
김	귀사의 그와 같은 사정은 충분히 알고서, 오늘은 무리라는 것을 알면서도 왔습니다.
오카무라	그렇게 말씀하셔도 회사 방침을 굽힐 수는 없으니까요.
김	무례하다는 것은 압니다만, 하다못해 이야기만이라도 들어주실 수 없겠습니까?
오카무라	들어 봤자 어떻게 될 건 아니지만, 그럼 간략하게 부탁합니다.
김	감사합니다.

単語

どういった 어떤, 무슨 ┃ **突然** 갑자기 ┃ **誠に** 진심으로 ┃ **恐縮** 죄송함 ┃ **弊社** 저희 회사
お願い申し上げる 부탁드리다 ┃ **飛び込み** 뛰어듦, 예고 없이 찾아옴 ┃ **～ということ** ～라는 것 ┃ **我が社** 우리 회사
老舗 노포 ┃ **～ため** ～때문에 ┃ **基本的には** 기본적으로는 ┃ **行う** 행하다 ┃ **貴社** 귀사 ┃ **事情** 사정 ┃ **～の上** ～한 뒤
承知 알고 있음 ┃ **やって参る** 찾아뵙다 ┃ **そう言われても** 그렇게 말을 하더라도 ┃ **方針** 방침 ┃ **曲げる** 굽히다
～わけにはいかない ～할 수는 없다 ┃ **無礼** 무례 ┃ **～かとは存じる** ～인 것은 알다
せめて～だけでも 하다못해 ～만이라도 ┃ **～たところで** ～해 봤자 ┃ **どうにもならない** 어찌 할 도리가 없다
手短に 짧게

1 お願い申し上げたく　부탁 드리고자

「お願い申し上げたく」는「お願い申し上げたくて」의 문어적 표현으로 좀 더 예의 바르며 상대방에게 정중한 인상을 주는 표현이다. 의미는 '부탁 드리고자'이다.

예　取引をお願い申し上げたく、お邪魔させていただいた次第です。
거래를 부탁 드리고자 이렇게 찾아뵙게 된 것입니다.

2 知っての上　알고서

이「〜上(で)」는 '〜한 뒤'의 의미로「명사 + の上(で)」「て형 + の上(で)」「た형 + 上(で)」의 표현 방법이 있다. 중지형과 같이 사용하는 경우를 제외하고 뒤에「で」를 수반하는 것이 일반적이다.

예　それは宿題をやっての上での話だね。　그것은 숙제를 한 뒤의 이야기야.
きちんと約束した上で行いましょう。　확실히 약속하고 난 뒤에 행합시다.

3 曲げるわけにはいきません　굽힐 수는 없습니다

「〜わけにはいかない」는 '〜할 수 없다'라는 뜻으로 불가능을 나타내는 표현이지만 단순히 능력적으로 불가능하다는 뜻이 아니라 사회적인 통념이나 규칙 등 심리적인 이유 때문에 할 수 없다는 것을 나타낸다.

예　いくら友達でも、この情報は教えるわけにはいかない。
아무리 친구라고 해도 이 정보는 가르쳐 줄 수가 없다.

4 ご無礼かとは存じますが　무례하다는 것은 압니다만

「存じる/存ずる」는「知る, 承知する(알다)」,「思う, 考える(생각하다)」의 겸양어이다.

예　ちっとも存じませんで甚だ失礼いたしました。　전혀 알지 못해서 정말 죄송합니다.
その方が少しはましかと存じますが。　그 편이 좀 더 나을 거라고 생각합니다만.

単語

いくら〜でも 아무리 〜라도 ｜ 情報 정보 ｜ ちっとも 전혀, 조금도 ｜ 甚だ 매우, 몹시 ｜ まし 더 나음

5 せめてお話だけでも　하다못해 이야기만이라도

「せめて」는 '적어도, 하다못해'라는 의미의 부사이며「せめて～だけでも」는 '적어도 ～만이라도'의 뜻이다.

예 忙しくても、せめてはがきぐらいは親に出しなさい。
바쁘더라도, 하다못해 엽서 정도는 부모님께 보내거라.

せめて背がもう５センチ高かったら。 하다못해 키가 5센티미터 더 컸다면.

6 聞いたところで　들어 봤자

「～たところで」는 '～해 봤자'라는 뜻으로 전항이 일어난다고 해도 기대하는 결과를 얻지 못한다는 표현이다.

예 今から走ったところで試験には間に合わない。 지금부터 뛰어 봤자 시험에는 늦을 것이다.

7 手短にお願いします　간략하게 부탁합니다

な형용사「手短だ」는 '간단하다, 간략하다'라는 뜻이다.

예 用件を手短に話す。 용건을 간단하게 말하다.
今日のスピーチは手短にお願いします。 오늘 스피치는 간략하게 부탁합니다.

単語

はがき 엽서 ｜ 親 부모 ｜ スピーチ 스피치

☼ 주어진 어구를 이용해 다음 문형을 연습해 봅시다.

1 ～ないことにしている　～않는 것으로 하고 있다

> **예** 新規の取引を行う ➡ 新規の取引は行わ**ないことにしている**。

① たばこを吸う ➡ ___________________________________

② 夜更かしをする ➡ ___________________________________

③ 上司の悪口を言う ➡ ___________________________________

④ 月末にアポをとる ➡ ___________________________________

2 ～上で　～한 뒤

> **예** 調査する ➡ 調査した**上で**

① 話を聞く ➡ ___________________________________

② 報告書を読む ➡ ___________________________________

③ プレゼンを聞いてみる ➡ ___________________________________

④ 課員で話し合う ➡ ___________________________________

単語

夜更かし 밤샘 ┃ **上司** 상사 ┃ **悪口を言う** 험담을 하다 ┃ **月末** 월말 ┃ **報告書** 보고서 ┃ **プレゼン** 프레젠테이션
課員 과원 ┃ **話し合う** 의논하다

3 〜かとは存じますが 〜라고는 생각합니다만

> 예 ご無礼 ➡ ご無礼かとは存じますが。

① 不躾 ➡ ＿＿＿＿＿＿＿＿＿＿＿＿＿＿＿＿＿＿＿＿＿

② ご迷惑 ➡ ＿＿＿＿＿＿＿＿＿＿＿＿＿＿＿＿＿＿＿＿＿

③ 至らぬ点が多い ➡ ＿＿＿＿＿＿＿＿＿＿＿＿＿＿＿＿＿＿＿

④ 力不足 ➡ ＿＿＿＿＿＿＿＿＿＿＿＿＿＿＿＿＿＿＿＿＿

4 〜たところで 〜해 봤자

> 예 聞く ➡ 聞いたところで

① 応募してみる ➡ ＿＿＿＿＿＿＿＿＿＿＿＿＿＿＿＿＿＿＿

② 今から送る ➡ ＿＿＿＿＿＿＿＿＿＿＿＿＿＿＿＿＿＿＿＿

③ 社長と会ってみる ➡ ＿＿＿＿＿＿＿＿＿＿＿＿＿＿＿＿＿

④ 直談判する ➡ ＿＿＿＿＿＿＿＿＿＿＿＿＿＿＿＿＿＿＿＿

単語

不躾 무례함, 버릇없음 ｜ **至らぬ点** 부족한 점 ｜ **力不足** 역부족 ｜ **応募する** 응모하다 ｜ **直談判する** 직접 담판하다

🔊 **Track11**

1 **예**
ⓐ 弊社と新規に取引をお願い申し上げたい　　ⓑ 老舗との取引が多い

ⓒ 新規の取引は行わない

A ⓐ <u>弊社と新規に取引</u>をお願い申し上げたく、お邪魔させていただいた次第でございます。

B 我が社は ⓑ <u>老舗との取引が多い</u>ため、ⓒ <u>新規の取引は行わ</u>ないことにしているんですが。

① ⓐ 貴社の製品を仕入れさせていただきたい

ⓑ 事業規模が小さい　　　　　ⓒ 大量の注文は受けない

② ⓐ 韓国内で貴社の製品を販売したい

ⓑ 韓国に専属エージェントがある　　ⓒ そちらを通していただく

③ ⓐ 貴社に業務提携をご提案申し上げたい

ⓑ 代々家族経営　　　　　　　ⓒ 他社とは提携しない

④ ⓐ 不動産投資についてお話しさせていただきたい

ⓑ 余裕がない　　　　　　　　ⓒ 投資は行わない

単語

製品 제품 ｜ 仕入れ 매입, 구입 ｜ 規模 규모 ｜ 大量 대량 ｜ 注文 주문 ｜ 受ける 받다 ｜ ～内 ～내 ｜ 専属 전속
エージェント 에이전트 ｜ 通す 통하다 ｜ 業務 업무 ｜ 提携 제휴 ｜ 提案 제안 ｜ 代々 대대로 ｜ 家族経営 가족 경영
他社 타사 ｜ 不動産 부동산 ｜ 投資 투자 ｜ ～について ～에 대해서 ｜ 余裕 여유

2 예 ⓐ お話　　ⓑ お聞き　　ⓒ 手短にお願いします

A せめて ⓐ <u>お話</u>だけでも ⓑ <u>お聞き</u>いただけないでしょうか。

B それじゃ、ⓒ <u>手短にお願いします</u>。

① ⓐ 見積り　　ⓑ ご覧になって　ⓒ 机の上に置いといてください

② ⓐ 時間　　ⓑ 調整して　　ⓒ 1時間ほど延ばしましょう

③ ⓐ 手数料　　ⓑ 考えて　　ⓒ 手数料も含めることにしましょう

④ ⓐ アクセサリー　ⓑ 勉強して　　ⓒ 価格を2％下げることにします

単語

見積り 견적 ┃ **調整する** 조정하다 ┃ **延ばす** 미루다, 연장하다 ┃ **手数料** 수수료 ┃ **含める** 포함시키다
アクセサリー 액세서리 ┃ **勉強する** (값을) 깎다 ┃ **価格** 가격 ┃ **下げる** 내리다

新規取引の申し込み3
신규 거래 신청3

会話

박용택과 데라니시가 이야기하고 있습니다.

朴　はじめまして。私はこういう者でございます。今日はお忙しいところ、わざわざ時間を割いていただきありがとうございます。

寺西　販売部の寺西です。まあ、そう固くならないで、お掛けください。

朴　実は弊社でこちらの地方での販売ネットワーク拡大の計画を立てておりましたところ、三成商事の社長様よりご紹介いただきまして、今日はお伺いした次第でございます。

寺西　加藤社長よりお話は伺っております。また、先日はご丁寧にもお手紙を頂戴いたしましてありがとうございました。

朴　恐縮です。この機会に是非とも貴社との新規取引をと思いまして。

寺西　取引に関しては、これから十分に検討させていただいてからでないと何とも言えませんが、これをきっかけに今後も情報交換などをしていきましょう。

朴　どうかよろしくお願いいたします。

寺西　今日はとりあえずこちらの担当者を紹介いたしますので、具体的な協議は彼と行ってください。

朴　かしこまりました。

박　　　　처음 뵙겠습니다. 저는 이런 사람입니다. 오늘은 바쁘신 중에 일부러 시간을 내 주셔
　　　　　서 감사합니다.
데라니시　판매부의 데라니시입니다. 자, 그렇게 긴장하지 말고 앉으세요.
박　　　　실은 저희 회사에서 이쪽 지방의 판매 네트워크 확대 계획을 세우던 중, 산세이상사의
　　　　　사장님으로부터 소개를 받아 오늘 이렇게 찾아뵙게 되었습니다.
데라니시　가토 사장님께 얘기는 들었습니다. 또 요전에는 정중하게도 편지를 보내 주시고 정말
　　　　　감사합니다.
박　　　　송구할 따름입니다. 이번 기회에 꼭 귀사와 신규 거래를 하고 싶어서요.
데라니시　거래에 관해서는, 앞으로 충분히 검토하지 않으면 뭐라고 말씀 드릴 수가 없지만, 이
　　　　　를 계기로 앞으로도 정보 교환 등을 해 나갑시다.
박　　　　아무쪼록 잘 부탁 드립니다.
데라니시　오늘은 우선 저희 쪽 담당자를 소개해 드릴 테니, 구체적인 협의는 그 사람과 해 주십
　　　　　시오.
박　　　　알겠습니다.

単語

者 사람, 자 ∣ **お忙しいところ** 바쁘신 중에 ∣ **わざわざ** 일부러 ∣ **時間を割く** 시간을 내다 ∣ **固くなる** 긴장하다
お掛けください 앉으세요 ∣ **地方** 지방 ∣ **ネットワーク** 네트워크 ∣ **拡大** 확대 ∣ **計画を立てる** 계획을 세우다
～より ～로부터 ∣ **先日** 일전에, 요전날 ∣ **丁寧だ** 정중하다 ∣ **頂戴する** 받다 ∣ **機会** 기회 ∣ **是非とも** 꼭, 반드시
～に関しては ～에 관해서는 ∣ **～てからでないと** ～하지 않으면 ∣ **何とも言えない** 뭐라고도 말할 수 없다
～をきっかけに ～을 계기로 ∣ **交換** 교환 ∣ **どうか** 제발, 부디 ∣ **とりあえず** 우선 ∣ **具体的** 구체적 ∣ **協議** 협의

1 お忙しいところ　바쁘신 중에

「お忙しいところ」는 '바쁘신 가운데, 바쁘신 와중에'라는 뜻으로 자주 쓰이는 표현이다. 유사 표현에 「ご多忙のところ(바쁘신 중에)」, 「ご多用のところ(일이 많으신 중에)」 등이 있다. 여기서 「ところ」는 장소가 아니라 '국면'이라는 뜻을 나타내는데 「ところ」 자체는 명사이기 때문에 그 앞에는 명사를 수식하는 형태가 온다.

예　本日はご多忙のところ、お越しくださいまして、誠にありがとうございます。
오늘은 바쁘신 가운데 와 주셔서 진심으로 감사 드립니다.

2 わざわざ時間を割いていただき　일부러 시간을 내 주셔서

「わざわざ」는 '일부러'라는 뜻인데 주로 '무엇인가를 하는 김에 하는 게 아니라 그것만을 위해서 한다'라는 뜻으로 사용된다. 「割く」는 '가르다, 째다, (시간을) 할애하다'의 뜻을 나타내는데, 「時間を割く」라고 하면 '시간을 내다'라는 표현이 된다.

예　小遣いを割いてゲームソフトを買った。　용돈을 쪼개서 게임 소프트를 샀다.
時間を割いて医者に行く。　시간을 내서 의사에게 가다.
魚の腹を割く。　생선의 배를 가르다.

3 お掛けください　앉으세요

여기서의 「掛ける」는 '의자에 앉다'라는 의미이며, 방석 등에 앉을 때는 「掛ける」를 쓰지 않는다.

예　いすに腰を掛ける。　의자에 걸터앉다.

4 お手紙を頂戴いたしまして　편지를 보내 주시고

「頂戴する」는 타인, 특히 윗사람에게서 받는 것을 의미하며 「もらう」의 공손한 표현이다. 다만 친근감을 나타내며 어린아이나 친한 사람에게 쓰는 용법도 있다.

예　頂戴物のお菓子。　선물받은 과자.
お目玉を頂戴する。　꾸중을 듣다.

単語

多忙 바쁨 ｜ お越し 와 주심 ｜ 小遣い 용돈 ｜ ゲームソフト 게임 소프트 ｜ 腰を掛ける 걸터앉다 ｜ 頂戴物 얻은 것
お目玉 꾸중, 야단

5　取引に関しては　　거래에 관해서는

「〜に関しては」는 '〜에 관해서는'이라는 뜻이며, 수식 형태는 「〜に関する＋명사」이다.

예　契約に関してはすべてお任せします。　계약에 관해서는 모두 맡기겠습니다.
最近は商談に関する本を読んでおります。　최근에는 상담에 관한 책을 읽고 있습니다.

6　検討させていただいてからでないと　　검토하지 않으면

「〜てからでないと」는 '〜하지 않으면'이라는 뜻으로 전항이 먼저 일어나야 후항이 일어난다는 것을 나타낸다. 2과에 나온 「〜ないことには」와 유사한 표현이다. 「〜てからでないと」의 뒤에는 불가능하거나 어렵다는 것을 나타내는 표현이 온다.

예　実物を見てからでないと何とも言えない。　실물을 보지 않으면 뭐라고 할 수 없다.

7　これをきっかけに　　이를 계기로

「〜をきっかけに」는 '〜를 계기로'라는 뜻으로 어떤 새로운 행동을 하게 된 계기를 말할 때 사용한다. 이것과 유사한 표현에는 「〜を契機に」가 있다.

예　息子の結婚をきっかけに再婚を真剣に考え始めた。
아들의 결혼을 계기로 재혼을 진지하게 생각하기 시작했다.
入院を契機に健康に気を使うようになった。　입원을 계기로 건강에 신경을 쓰게 되었다.

8　とりあえず　　우선

「とりあえず」는 '우선, 먼저'의 의미이다.

예　とりあえず半分払います。　우선 반을 지불하겠습니다.
右とりあえずお礼まで。　우선 상기의 감사 말씀을 전합니다.

単語

最近 최근 ｜ **実物** 실물 ｜ **再婚** 재혼 ｜ **真剣だ** 진지하다 ｜ **考え始める** 생각하기 시작하다 ｜ **入院** 입원 ｜ **契機** 계기
健康 건강 ｜ **気を使う** 신경을 쓰다 ｜ **半分** 반, 절반 ｜ **払う** 지불하다 ｜ **右** (세로로 쓴 문장에서) 이상(以上) ｜ **お礼** 사례
〜まで 〜뿐, 〜만

◎ 주어진 어구를 이용해 다음 문형을 연습해 봅시다.

1 お/ご〜ところ　〜와중에

> [예]　忙(いそが)しい　➡　お忙しいところ、すみません。

① 多忙(たぼう)　➡　________________________________

② 多用(たよう)　➡　________________________________

③ 取(と)り込(こ)み中(ちゅう)　➡　________________________________

④ 話(はな)し中(ちゅう)　➡　________________________________

2 わざわざ〜ていただき　일부러 〜해 주셔서

> [예]　時間(じかん)を割(さ)く　➡　わざわざ時間を割いていただき

① いらっしゃる　➡　________________________________

② 見送(みおく)る　➡　________________________________

③ 車(くるま)を出(だ)す　➡　________________________________

④ 直(なお)す　➡　________________________________

単語

多用(たよう) 일이 많음 ｜ 取(と)り込(こ)み 어수선함, 바쁨 ｜ 見送(みおく)る 배웅하다 ｜ 直(なお)す 고치다

3 そう〜ないで　　そうけ 〜하지 말고

예	固くなる　➡　そう固くならないで

① 急いで食べる　➡　_______________________________

② あわてる　➡　_______________________________

③ あせる　➡　_______________________________

④ びっくりする　➡　_______________________________

4 〜てからでないと　　〜하지 않으면

예	検討する　➡　検討してからでないと

① 準備する　➡　_______________________________

② 話し合う　➡　_______________________________

③ 部長に報告する　➡　_______________________________

④ 実際に会う　➡　_______________________________

単語

急ぐ 서두르다 ｜ **あわてる** 당황하다 ｜ **あせる** 서두르다, 조급하게 굴다 〈예외 1그룹 동사〉 ｜ **びっくりする** 깜짝 놀라다
準備する 준비하다

会話練習

🎵 *Track14*

1 예
- ⓐ お手紙
- ⓑ 頂戴いたす
- ⓒ 恐縮です

A 先日はご丁寧にも ⓐ <u>お手紙を</u> ⓑ <u>頂戴いたしまして</u>ありがとうございました。

B ⓒ <u>恐縮です</u>。

① ⓐ お中元　ⓑ 頂戴いたす　ⓒ つまらないものですから

② ⓐ お歳暮　ⓑ お送りくださる

　 ⓒ こちらこそいつもお世話になっておりますから

③ ⓐ 東京都内　ⓑ ご案内していただく　ⓒ 当たり前のことをしたまでです

④ ⓐ 昇進祝い　ⓑ いただく　ⓒ これからも頑張ってください

単語

お中元 백중날의 선물 ｜ **つまらないもの** 변변찮은 것 ｜ **お歳暮** 세밑 선물 ｜ **都内** 도내 ｜ **当たり前** 당연함
昇進祝い 승진 축하(선물)

2 예 ⓐ 貴社との新規取引を ⓑ 取引 ⓒ これから十分に検討させていただく

A この機会に是非とも ⓐ <u>貴社との新規取引を</u>と思いまして。
B ⓑ <u>取引</u>に関しては、ⓒ <u>これから十分に検討させていただい</u>てからでないと何とも言えません。

① ⓐ 弊社の商品をおすすめしたい　　　　　ⓑ それ
　ⓒ 一度使ってみる

② ⓐ 僕と付き合ってほしい　　　　　　　　ⓑ 交際
　ⓒ もっとお互いのことを知る

③ ⓐ 家の建て替えをご検討いただきたい　　ⓑ 建て替え
　ⓒ 見積書を見る

④ ⓐ 貴社の商品を買い付けたい　　　　　　ⓑ 取引
　ⓒ 貴社の会社概要を見る

単語

おすすめする 추천하다 ┃ 付き合う 사귀다 ┃ 交際 교제 ┃ お互い 서로 ┃ 知る 알다 ┃ 建て替え 고쳐 지음
見積書 견적서 ┃ 買い付ける 대량으로 사들이다 ┃ 概要 개요

版権依頼
판권 의뢰

김대성과 나카타가 판권에 대해 이야기하고 있습니다.

金 いつもお世話になっております。

中田 お待ちしておりました。

金 さっそくですが、先日電話でお話しした版権の件なんですが。

中田 はい、その件に関しては部長の渡辺から話は聞いております。

金 作品を見せていただきましたが、前作にもまして素晴らしい作品です。

中田 ありがとうございます。今、日本でもちょうど人気が出ています。前作を上回るものを作るべく、特に優秀なスタッフを集め、じっくりと企画を練り、製作費と製作期間を十分にかけました。

金 今回は前回のようなテレビの放映権やビデオの権利だけでなく、もう少し手を広げたいんですが。

中田 貴社は我が社にとりましてもお得意様ですので、こちらとしましても貴社が韓国での版権を引き受けてくだされば助かります。

金 それでですね。今回は版権の許諾分野を玩具、ゲームソフト、それから、アパレルまで含めて交渉していきたいと思っているんですが。

中田 わかりました。版権の状況を調べてみますので、少々お待ちください。

김	항상 신세를 지고 있습니다.
나카타	기다리고 있었습니다.
김	다름이 아니라, 지난번 전화로 말씀 드린 판권에 관한 것입니다만.
나카타	예, 그 건에 관해서는 와타나베 부장님께 얘기는 들었습니다.
김	작품을 봤습니다만, 전작 이상으로 훌륭한 작품입니다.
나카타	감사합니다. 지금, 일본에서도 마침 인기를 얻고 있습니다. 전작을 능가하는 작품을 만들기 위해 특별히 우수한 스태프를 모아서 꼼꼼하게 기획을 다듬고, 제작비와 제작 기간을 충분히 들였습니다.
김	이번에는 지난번과 같은 텔레비전 방영권이나 비디오에 대한 권리뿐만 아니라 좀 더 범위를 넓히고 싶습니다만.
나카타	귀사는 저희 회사에게도 단골 거래처이기 때문에 저희로서도 귀사가 한국에서의 판권을 인수해 주신다면 도움이 될 것입니다.
김	그래서 말입니다만. 이번에는 판권의 허락 분야를 완구, 게임 소프트, 그리고 의류까지 포함시켜서 교섭했으면 합니다.
나카타	알겠습니다. 판권 상황을 알아볼 테니 잠시 기다려 주십시오.

単語

版権 판권 ┃ **依頼** 의뢰 ┃ **作品** 작품 ┃ **前作** 전작 ┃ **〜にもまして** 〜이상으로 ┃ **ちょうど** 마침 딱 ┃ **上回る** 웃돌다

〜べく 〜하고자, 〜하려고 ┃ **特に** 특히 ┃ **優秀だ** 우수하다 ┃ **スタッフ** 스태프 ┃ **集める** 모으다 ┃ **じっくりと** 차분히

企画を練る 기획을 다듬다 ┃ **製作費** 제작비 ┃ **製作期間** 제작 기간 ┃ **かける** (비용, 시간 등을) 들이다 ┃ **前回** 전회, 전번

放映権 방영권 ┃ **権利** 권리 ┃ **〜だけでなく** 〜뿐만 아니라 ┃ **手を広げる** 규모를 넓히다

〜にとりましても 〜에게 있어서도 ┃ **お得意様** 단골 거래처 ┃ **〜としましても** 〜로서도 ┃ **引き受ける** 떠맡다, 인수하다

助かる 도움이 되다 ┃ **許諾** 허락 ┃ **分野** 분야 ┃ **玩具** 완구 ┃ **アパレル** 어패럴, 의류 ┃ **交渉** 교섭 ┃ **状況** 상황

調べる 조사하다

1 さっそくですが　다름이 아니라

「さっそく」는 '빨리, 곧장, 급히'의 의미이며 「さっそくですが」는 바로 일 얘기로 들어갈 때 쓰는 의례적인 표현이다.

예　友だちの手紙にさっそく返事を書いた。　친구의 편지에 곧장 답장을 썼다.

　　向こうに着き次第さっそくお電話いたします。　그쪽에 도착하는 대로 바로 전화하겠습니다.

2 前作にもまして　전작 이상으로

「〜にもまして」는 '〜이상으로'라는 뜻으로, 전항도 그렇지만 그것보다 더하다고 말할 때 쓰는 표현이다.

예　この会社は業績不振にもまして粉飾決算疑惑が気にかかります。
이 회사는 업적 부진 이상으로 분식 결산 의혹이 마음에 걸립니다.

3 作るべく　만들기 위해

「〜べく」는 '〜하고자, 〜하려고'라는 뜻으로 어떠한 목적을 가지고 어떤 행위를 하는 것을 나타내는, 약간 딱딱한 표현이다. 동사의 기본형에 붙는 형태이지만 「する」에 연결될 때는 「すべく」와 「するべく」의 두 가지가 있다.

예　顧客のニーズをキャッチすべく、アンケート調査を実施しました。
고객의 요구를 포착하려고 설문 조사를 실시했습니다.

4 ビデオの権利だけでなく　비디오에 대한 권리뿐만 아니라

「〜だけでなく」는 '〜뿐만 아니라'의 뜻이다.

예　これからはアジアだけでなくヨーロッパにも目を向けるつもりです。
이제부터는 아시아뿐만 아니라 유럽에도 눈을 돌릴 계획입니다.

単語

向こう 그쪽, 건너편 ｜ 業績 업적 ｜ 不振 부진 ｜ 粉飾決算 분식 결산 ｜ 疑惑 의혹 ｜ 気にかかる 마음에 걸리다
顧客 고객 ｜ ニーズ 니즈, 요구 ｜ キャッチする 캐치하다 ｜ アンケート調査 설문 조사 ｜ 実施する 실시하다
目を向ける 눈을 돌리다

5　手を広げたいんですが　범위를 넓히고 싶습니다만

「手を広げる」는 '범위를 넓히다'의 의미이며 「手を広げる」처럼 「手」, 「足」 등을 사용한 관용적 표현이 많이 있으므로 익혀 두도록 한다.

예
手が足りない　일손이 부족하다
行く手に山が見える　가는 쪽에 산이 보인다
この手は品切れです　이 종류는 품절입니다
手を焼く　애를 먹다
足がにぶる　지쳐서 걸음이 늦어지다, 가기 싫다
足が出る　적자가 나다, 돈이 모자라다

あの手この手　갖가지 수단, 갖가지 방법
手をぬく　적당히 하다, 얼렁뚱땅하다
手を切る　관계를 끊다
足が棒になる　다리가 뻣뻣해지다
足を運ぶ　들르다
足の踏み場もない　발 디딜 틈도 없다

6　お得意様ですので　단골 거래처이기 때문에

「得意」에는 여러 가지 의미가 있는데, 여기서는 '자신의 단골 손님, 또는 그러한 관계'를 의미하는 것으로 쓰였다.

예
彼はうちのお得意さんなんです。　그는 우리의 단골 손님입니다.
お得意先に送るお中元は何にしようか。　단골 거래처에 보내는 백중 선물은 무엇으로 할까?

7　引き受けてくだされば助かります　인수해 주신다면 도움이 될 것입니다

「〜ば助かる」는 '〜하면 도움이 되다'라는 뜻이다.

예
お口添えくだされば助かります。　조언을 해 주시면 도움이 되겠습니다.
私の代わりに行ってくれれば助かるんですが。　저 대신에 가 주신다면 도움이 되겠습니다만.

単語

お得意さん 단골 손님 ┃ **お得意先** 단골 거래처, 단골 가게 ┃ **口添え** 조언 ┃ **代わりに** 대신에

⚙ 주어진 어구를 이용해 다음 문형을 연습해 봅시다.

1 ～にもまして ～이상으로

> **[예]** 前作 / 今回の作品は素晴らしい
>
> ➡ 前作にもまして今回の作品は素晴らしいです。

① 何 / 健康は大切だ ➡ ________________

② 課長 / 課長代理が熱心にプロジェクトを進めている

➡ ________________

③ 昨日 / 今日は冷え込む ➡ ________________

④ 昨年 / 今年は業績が落ち込んだ ➡ ________________

2 ～てくだされば助かる ～해 주시면 도움이 되다(감사하다)

> **[예]** 引き受ける ➡ 引き受けてくだされば助かります。

① 市内を案内する ➡ ________________

② 3時までに来る ➡ ________________

③ 明日の朝一番でファックスを送る

➡ ________________

④ 1日でも早く製作部に廻す ➡ ________________

単語

大切だ 소중하다 ┃ **代理** 대리 ┃ **熱心**だ 열심이다 ┃ **進める** 진행하다 ┃ **冷え込む** 기온이 떨어지다

落ち込む 갑자기 뚝 떨어지다 ┃ **市内** 시내 ┃ **朝一番**で 아침에 오자마자(가장 먼저) ┃ **製作部** 제작부

廻す (필요한 장소로) 보내다

3 〜べく　〜하고자

> 예 前作を上回るものを作る / じっくりと企画を練る
> ➡ 前作を上回るものを作るべくじっくりと企画を練った。

① 彼に会う / 彼のマンションに行く ➡ ＿＿＿＿＿＿＿＿＿＿＿

② 新規の取引先を開拓する / 出かける

➡ ＿＿＿＿＿＿＿＿＿＿＿

③ 表彰式に向かう / 上着を着て部屋を出る

➡ ＿＿＿＿＿＿＿＿＿＿＿

④ 友を見送る / 空港へ向かう ➡ ＿＿＿＿＿＿＿＿＿＿＿

4 〜てみますので、少々お待ちください
〜해 보겠으니, 잠시 기다려 주십시오

> 예 版権の状況を調べる
> ➡ 版権の状況を調べてみますので、少々お待ちください。

① 照会する ➡ ＿＿＿＿＿＿＿＿＿＿＿

② 問い合わせる ➡ ＿＿＿＿＿＿＿＿＿＿＿

③ 電話をつなぐ ➡ ＿＿＿＿＿＿＿＿＿＿＿

④ 空席状況を調べる ➡ ＿＿＿＿＿＿＿＿＿＿＿

単語

マンション 맨션 ｜ 開拓する 개척하다 ｜ 表彰式 표창식 ｜ 向かう 향하다, 가다 ｜ 上着 윗옷, 상의 ｜ 友 친구
空港 공항 ｜ 照会する 조회하다 ｜ 問い合わせる 문의하다 ｜ 電話をつなぐ 전화를 연결하다 ｜ 空席 공석, 빈자리

⚙ 밑줄 친 부분을 주어진 ①~④의 표현으로 바꾸어 연습해 봅시다.

Track17

1

예 ⓐ 版権　　ⓑ 部長の渡辺

A さっそくですが、先日電話でお話しした ⓐ 版権の件なんですが。
B はい、その件に関しては ⓑ 部長の渡辺から話は聞いております。

① ⓐ 納品日　　　　　　　　ⓑ 資材部の方

② ⓐ クレーム　　　　　　　ⓑ お宅の常務

③ ⓐ 打ち合わせ　　　　　　ⓑ 担当者

④ ⓐ プレゼンテーション　　ⓑ 上司の村上さん

単語

納品日 납품일 ｜ **資材部** 자재부 ｜ **クレーム** 클레임 ｜ **常務** 상무 ｜ **打ち合わせ** 미리 상의함
プレゼンテーション 프레젠테이션

2 예 ⓐ 前作（ぜんさく）　ⓑ 素晴（すば）らしい作品（さくひん）　ⓒ 前作（ぜんさく）を上回（うわま）るものを作（つく）る

A ⓐ 前作（ぜんさく）にもまして ⓑ 素晴（すば）らしい作品（さくひん）です。

B ありがとうございます。ⓒ 前作（ぜんさく）を上回（うわま）るものを作（つく）るべく特（とく）に優秀（ゆうしゅう）なスタッフを集（あつ）めました。

① ⓐ どこの支店（してん）　ⓑ 接客（せっきゃく）が気持（きも）ちいい店（みせ）　ⓒ お客様（きゃくさま）にご満足（まんぞく）いただく

② ⓐ 去年（きょねん）　ⓑ 今年（ことし）の新作（しんさく）はいい　ⓒ 最高傑作（さいこうけっさく）を生（う）み出（だ）す

③ ⓐ 他社（たしゃ）の製品（せいひん）　ⓑ 性能（せいのう）のいい製品（せいひん）　ⓒ 最高（さいこう）の品質（ひんしつ）を追求（ついきゅう）する

④ ⓐ 前作（ぜんさく）　ⓑ 音（おと）の広（ひろ）がりがすごい
ⓒ 音響面（おんきょうめん）にこだわった作品（さくひん）を作（つく）る

支店（してん） 지점 ｜ 接客（せっきゃく） 접객 ｜ 満足（まんぞく） 만족 ｜ 新作（しんさく） 신작 ｜ 最高（さいこう） 최고 ｜ 傑作（けっさく） 걸작 ｜ 生（う）み出（だ）す 새로 만들어 내다
性能（せいのう） 성능 ｜ 品質（ひんしつ） 품질 ｜ 追求（ついきゅう）する 추구하다 ｜ 広（ひろ）がり 넓어짐, 퍼짐 ｜ 音響（おんきょう） 음향 ｜ こだわる 구애되다

商品説明
상품 설명

김대성과 나카타가 상품에 대해 이야기하고 있습니다.

金 中田さん、これが貴社の新製品「メガファイター2」ですか。

中田 はい、やっとできあがりました。

金 かねがね噂は聞いておりましたが。

中田 完成予定日より大幅に遅れましたが、その分、出来映えには
かなり自信が持てます。

金 こちらとしましても前回の大成功に続く第2弾ですので、大い
に期待しておりました。

中田 今回の製品は前回のゲームソフトで補えなかったアイテムを増
やすとともに音響にも力を入れました。

金 そうですか。画像もVR対応になっているんだとか。

中田 はい、作品の世界観を完璧に再現するためにVR対応にしました。

金 ほお。

中田 また、映像もさることながら、ステージごとにレベルアップさせ
ながら、ストーリー性を持たせ、飽きが来ないようにしました。

金 それは楽しみですね。

김	나카타 씨, 이것이 귀사의 신제품 '메가파이터2'입니까?
나카타	예, 드디어 완성되었습니다.
김	진작부터 소문은 들었습니다만.
나카타	완성 예정일보다 크게 늦어졌지만, 그만큼 완성도에는 상당히 자신이 있습니다.
김	저희 쪽에서도 지난번의 대성공에 이은 제2 탄이기 때문에 크게 기대를 하고 있었습니다.
나카타	이번 제품은 지난번 게임 소프트에서 보충하지 못했던 아이템을 늘림과 동시에 음향에도 힘을 쏟았습니다.
김	그렇습니까? 영상도 VR 대응으로 되어 있다던가요.
나카타	네, 작품의 세계관을 완벽하게 재현하기 위해 VR 대응으로 했습니다.
김	오!
나카타	그리고 영상은 물론이거니와, 스테이지마다 레벨업을 시키면서 스토리성을 갖게 하여 질리지 않도록 하였습니다.
김	기대가 되는군요.

単語

新製品 신제품 ┃ **やっと** 겨우 ┃ **できあがる** 완성되다 ┃ **かねがね** 미리 ┃ **噂** 소문 ┃ **予定日** 예정일 ┃ **〜より** 〜보다

大幅に 큰 폭으로 ┃ **遅れる** 늦어지다 ┃ **その分** 그만큼 ┃ **出来映え** 만듦새 ┃ **かなり** 상당히, 꽤 ┃ **自信** 자신

大成功 대성공 ┃ **続く** 이어지다 ┃ **第2弾** 제2 탄 ┃ **大いに** 크게 ┃ **期待する** 기대하다 ┃ **補う** 보충하다

アイテム 아이템 ┃ **増やす** 늘리다 ┃ **〜とともに** 〜와 함께 ┃ **力を入れる** 힘을 쏟다 ┃ **画像** 화상 ┃ **ＶＲ** VR, 가상 현실

対応 대응 ┃ **世界観** 세계관 ┃ **完璧だ** 완벽하다 ┃ **再現する** 재현하다 ┃ **〜ために** 〜하기 위해서 ┃ **映像** 영상

〜もさることながら 〜은 물론이거니와 ┃ **ステージ** 스테이지 ┃ **〜ごとに** 〜마다 ┃ **レベルアップ** 레벨 업

ストーリー性 스토리성 ┃ **飽きが来る** 질리다

1　できあがりました　　완성되었습니다

「できあがる」는 '완성되다'의 의미이지만, 속어로 쓰일 때는 '거나하게 취하다'의 의미로도 사용된다. 비슷한 말로「できる」가 있고 명사형은「できあがり」이다.

예　お願いした原稿はいつできあがりますか。　부탁한 원고는 언제 완성됩니까?

彼は飲み過ぎてすっかりできあがってしまった。　그는 술을 너무 마셔서 완전히 취해 버렸다.

2　かねがね　　진작부터

「かねがね」는 '전부터, 옛날부터, 진작부터'라는 의미이며 품사는 부사이다. 동의어로「かねて」가 있다.

예　かねがねお知らせいたしましたように、来週実施いたします。
전부터 알려 드렸던 바와 같이 다음 주에 실시하겠습니다.

お名前はかねがね存じあげております。　성함은 진작부터 알고 있습니다.

3　その分、出来映えには　　그만큼 완성도에는

「出来映え」는 '솜씨, 만듦새, 기량'이라는 뜻이다.「その分」의「分」에는 여러 가지 의미가 있으므로 주의하여 사용하여야 하며 여기서는 '그만큼'의 의미로 사용되었다.

예　ほしければ私の分を上げます。　원한다면 제 몫을 드리겠습니다.〈몫, 차지〉

残った分は明日します。　남은 부분은 내일 하겠습니다.〈부분, 것〉

分に応じた生活をする。　분수에 맞는 생활을 하다.〈분수, 신분, 지위〉

4　増やすとともに　　늘림과 동시에

「〜とともに」는 '〜와 함께'라는 뜻으로 동시에 두 가지가 일어난다고 할 때 쓰이며 하나가 변하면 그에 따라서 또 다른 하나도 변한다는 용법도 있다.

예　歌が終わるとともに観客は立ち上がった。　노래가 끝남과 동시에 관객들은 일어섰다.

円が安くなるとともに輸出は好調になる。　엔화가 싸짐에 따라 수출은 호전된다.

単語

原稿 원고 ｜ 飲み過ぎる 과음하다 ｜ すっかり 완전히 ｜ 知らせる 알리다
存じ上げる 알다, 생각하다〈知る, 思う의 겸양어〉｜ 残る 남다 ｜ 応じる 응하다, 걸맞다 ｜ 生活 생활 ｜ 観客 관객
立ち上がる 일어서다 ｜ 好調だ 순조롭다

5 音響にも力を入れました　음향에도 힘을 쏟았습니다

여기서의「力を入れる」라는 말은 '노력하다, 열심히 하다'의 의미이다.

예　中田さんの力で、この集まりができた。　나카타 씨의 힘으로 이 모임을 열 수 있었다.

　もっと仕事に力を入れなさい。　좀 더 일에 힘을 쏟거라.

6 ＶＲ対応になっているんだとか　VR 대응으로 되어 있다던가요

여기서의「〜とか」는「〜そうです」,「〜ということです」,「〜とのことです」와 유사한 전문 표현으로 쓰였다. 단 유사한 표현으로 든 3가지 표현보다 자신감이 없거나 잘 모른다는 뉘앙스가 느껴지는 표현이다.

예　昨日は東京も最低気温が氷点下だったとか。　어제는 도쿄도 최저 기온이 영하였다던가.

7 映像もさることながら　영상은 물론이거니와

「〜もさることながら」는 '〜은 물론이거니와'라는 뜻으로 전항도 무시할 수 없지만 후항도 대단하다고 말할 때 쓰는 표현이다.

예　この車はデザインもさることながら、乗り心地が実に素晴らしい。
　이 차는 디자인은 물론이거니와 승차감이 정말 훌륭하다.

8 ステージごとに　스테이지마다

「〜ごとに」는 '〜마다'라는 뜻으로 수량을 나타내는 표현 뒤에 붙여서 사용하며, 그 수량을 한 묶음으로 생각해서 그 수량 안에 꼭 어떤 일이 일어나거나 어떤 상태가 생기거나 하는 것을 나타낸다.

예　2年ごとに契約条件の見直しをしている。　2년마다 계약 조건의 재검토를 하고 있다.

単語

集まり 모임 ┃ 最低気温 최저 기온 ┃ 氷点下 영하 ┃ デザイン 디자인 ┃ 乗り心地 승차감 ┃ 実に 실로
条件 조건 ┃ 見直し 재검토

⚙ 주어진 어구를 이용해 다음 문형을 연습해 봅시다.

1　～ごとに　～마다

例　ステージ / レベルアップさせる

➡　<u>ステージごとにレベルアップさせます。</u>

① 日 / 寒くなる　➡　__________________________

② 5分 / アラームが鳴る　➡　__________________________

③ 一雨 / 暖かくなる　➡　__________________________

④ 3人 / 分かれてチームを作る　➡　__________________________

2　～とか　～라고 하다

例　画像もＶＲ対応になっているんだ

➡　<u>画像もＶＲ対応になっているんだとか。</u>

① 離職率が高い　➡　__________________________

② 素晴らしい製品ができた　➡　__________________________

③ 彼が左遷される　➡　__________________________

④ 新規開拓ができなければボーナスが出ない

➡　__________________________

単語

アラーム 알람 ┃ **鳴る** 울리다 ┃ **一雨** 한차례 비가 옴 ┃ **分かれる** 나뉘다 ┃ **離職率** 실직률 ┃ **左遷される** 좌천되다

ボーナス 보너스

3 ～とともに　～와 동시에

예　アイテムを増やす / 音響にも力を入れた
➡ アイテムを増やすとともに音響にも力を入れました。

① ペースをあげる / 残業時間も増やした
➡ ____

② お金を借りる / ばくちにまで手を出した
➡ ____

③ 謝罪文を出す / 全品回収した　➡ ___________________________

④ 品質改善を行う / 定価を５％押さえた
➡ ____

4 ～ないようにする　～하지 않도록 하다

예　飽きが来る　➡　飽きが来ないようにしました。

① 夜食を食べる　➡ ____

② 利子をとる　➡ ____

③ 情に流される　➡ ____

④ 他社に見破られる　➡ ____

単語

ペースをあげる 페이스를 올리다 ｜ 残業 잔업 ｜ 借りる 빌리다 ｜ ばくち 도박 ｜ 手を出す 손을 대다
謝罪文 사죄문 ｜ 全品 전품 ｜ 回収する 회수하다 ｜ 改善 개선 ｜ 定価 정가 ｜ 押さえる (억)누르다
夜食 야식 ｜ 利子をとる 이자를 받다 ｜ 情に流される 정에 휩쓸리다 ｜ 見破られる 간파당하다

⚙ 밑줄 친 부분을 주어진 ①~④의 표현으로 바꾸어 연습해 봅시다.

💿 **Track20**

1

例　ⓐエンジン　　ⓑ重量を軽くする　　ⓒ新素材を導入する

A　ⓐエンジンにもなにか新しい試みが見られるんだ**とか**。
B　はい、ⓑ重量を軽くするためにⓒ新素材を導入しました。

① ⓐ材質　　　　　　　　　　　ⓑ伸縮性を持たせる
　 ⓒ独自のナイロンを開発する

② ⓐロボット　　　　　　　　　ⓑ自ら判断力を持たせる
　 ⓒ特殊なセンサーを取り付ける

③ ⓐハード　　　　　　　　　　ⓑより安定した環境を作る
　 ⓒ特殊なチップをはめ込む

④ ⓐ包装　　　　　　　　　　　ⓑより新鮮さを維持させる
　 ⓒ特殊な真空パックを開発する

単語

エンジン 엔진 ｜ **試み** 시도 ｜ **重量** 중량 ｜ **新素材** 신소재 ｜ **導入する** 도입 ｜ **材質** 재질 ｜ **伸縮性** 신축성
独自 독자 ｜ **ナイロン** 나일론 ｜ **ロボット** 로봇 ｜ **自ら** 스스로 ｜ **判断力** 판단력 ｜ **特殊だ** 특수하다 ｜ **センサー** 센서
取り付ける (장치를) 설치하다 ｜ **ハード** 하드 ｜ **より** 보다 ｜ **安定する** 안정되다 ｜ **環境** 환경 ｜ **チップ** 칩
はめ込む 끼워 넣다 ｜ **包装** 포장 ｜ **新鮮さ** 신선함 ｜ **維持させる** 유지시키다 ｜ **真空パック** 진공 팩

2 例
ⓐ映像　　ⓑストーリー性を持たせ、飽きが来ない

A ⓐ映像もさることながら、ⓑストーリー性を持たせ、飽きが来ないようにしました。
B それは楽しみですね。

① ⓐ味　　　　　　　ⓑパッケージにも気を使っておいしく見える
② ⓐおもしろさ　　　ⓑ主人公の演技が引き立つ
③ ⓐ価格　　　　　　ⓑ性能でお客様にご納得いただける
④ ⓐデザイン　　　　ⓑ機能性も損なわない

味 맛 ｜ **パッケージ** 패키지 ｜ **主人公** 주인공 ｜ **演技** 연기 ｜ **引き立つ** 돋보이다 ｜ **納得** 납득 ｜ **機能性** 기능성
損なう 손상하다

商談着手
しょう だん ちゃく しゅ

상담 착수

Track22 **会話**

김대성과 나카타가 이야기하고 있습니다.

金　御社からの見積書を拝見しました。

中田　それはどうも。ところで、いかがなものでしょうか。

金　検討させていただきましたが、御社のご提示単価は、当方が考えていたものよりちょっと……。

中田　とおっしゃいますと。

金　当方の予算額とかなり隔たりがありまして、いまだ購入決定には至っておりません。

中田　そうですか。これがぎりぎりの線なんですが。

金　もう少し単価を押さえていただかないと、こちらとしても難しいと言わざるを得ません。

中田　単価はこれ以上下げようがないので、数量をもう少し増やしていただけないでしょうか。

金　数量をですか。いかほど。

中田　具体的なことは社に戻りまして、部長と相談しなければなりません。

金　それじゃ、ご検討のうえ、お知らせいただけますか。

中田　かしこまりました。

김　　　귀사의 견적서를 보았습니다.

나카타　감사합니다. 그런데, 어떠셨습니까?

김　　　검토했습니다만, 귀사가 제시한 단가는 저희가 생각한 것보다 좀…….

나카타　그 말씀은?

김　　　저희의 예산액과 상당히 격차가 있어서 아직 구입 결정에 이르지 못하고 있습니다.

나카타　그렇습니까? 이것이 저희로서는 한계선입니다만.

김　　　좀 더 단가를 낮추어 주시지 않으면, 저희로서도 어렵다고 말씀 드릴 수밖에 없습니다.

나카타　단가는 이 이상 내릴 수가 없으니, 수량을 좀 더 늘려 주실 수 없겠습니까?

김　　　수량을 말입니까? 얼마나요?

나카타　구체적인 것은 회사에 돌아가서 부장님과 의논해 봐야만 합니다.

김　　　그럼, 검토하시고 나서 알려 주시겠습니까?

나카타　알겠습니다.

単語

着手 착수　｜　**御社** 귀사　｜　**拝見する** 보다, 읽다〈見る, 読む의 겸양어〉　｜　**どうも** 감사합니다〈뒤에 오는 감사의 말이 생략된 형태〉
いかがな 어떠한　｜　**提示** 제시　｜　**単価** 단가　｜　**当方** 이쪽, 우리 쪽　｜　**予算額** 예산액　｜　**隔たり** 차이　｜　**いまだ** 아직
購入 구입　｜　**決定** 결정　｜　**至る** 이르다　｜　**ぎりぎり** 빠듯함　｜　**線** 선　｜　**～ざるを得ない** ～하지 않을 수 없다
以上 이상　｜　**～ようがない** ～할 방법이 없다　｜　**数量** 수량　｜　**いかほど** 얼마나　｜　**社に戻る** 회사로 복귀하다

1 当方が考えていたものよりちょっと　저희가 생각한 것보다 좀

'우리가 생각했던 것과는 차이가 있다'라고 말할 때 사용한다. 「当方」는 「こちら」의 의미이며 반대말은 「先方」이다. 비즈니스 회화에서는 「私ども」, 「弊社」 등도 많이 사용한다.

例 当方といたしましてもこれが精一杯です。　저희로서도 이것이 최대한입니다.

わたくしどもで準備させていただきます。　저희가 준비하겠습니다.

2 当方の予算額とかなり隔たりがありまして
저희의 예산액과 상당히 격차가 있어서

'(스스로) 생각했던 예산 금액과 상당한 차이가 있다'라는 의미로, 「隔たり」는 「開き」, 「差」로 바꾸어 쓸 수 있다.

3 購入決定には至っておりません　구입 결정에 이르지 못하고 있습니다

「~に至る」는 '~하기에 이르다'라는 뜻으로 동시에 여러 가지 일을 겪은 다음에 결국 이렇게 되었다고 말할 때 쓰는 표현이다.

例 リコール隠しがきっかけとなって、結局工場閉鎖に至った。
리콜 은폐가 발단이 되어서 결국 공장 폐쇄에 이르렀다.

4 ぎりぎりの線　한계선

「ぎりぎり」는 '빠듯함, 극한'이라는 뜻이다.

例 我が社は今ぎりぎりの状況である。　우리 회사는 지금 대단히 힘든 상태이다.

３時の列車にぎりぎり間に合った。　3시 열차에 간신히 탈 수 있었다.

単語

精一杯 힘껏 ｜ **リコール** 리콜 ｜ **隠し** 숨김, 은폐 ｜ **閉鎖** 폐쇄 ｜ **列車** 열차 ｜ **間に合う** 시간에 맞게 대다

또한 「ぎりぎりの線」의 「線」은 '방향, (생각이나 행동의) 방침, 느낌, 정도, 상태'를 의미한다.

예 この線で行こう。 이 방침으로 가자.
　　いい線いってる。 꽤 괜찮다.

5 単価を押さえていただかないと　　단가를 낮추어 주시지 않으면

「単価を押さえる」는 '가격을 싸게 하다'의 의미이다. 「〜ていただかないと」는 상대에 대해서 무언가 강하게 의뢰할 때 사용하며 상대가 그렇게 해 주지 않는다면 곤란하다는 뉘앙스를 갖고 있다.

예 出費を押さえる。 경비를 억제하다.
　　少し発注数を増やしていただかないと、迅速な商品の供給をお約束できません。
　　조금 더 발주수를 늘려 주시지 않으면 신속한 상품 공급을 약속해 드릴 수 없습니다.

6 言わざるを得ません　　말씀 드릴 수밖에 없습니다

「〜ざるを得ない」는 '〜할 수밖에 없다'라는 뜻으로, 적극적으로 하고 싶지는 않지만 그렇게 하는 것밖에 방법이 없다고 말할 때 사용한다. 동사의 ない형에 연결되는데 「する」의 경우는 「せざるを得ない」가 된다.

예 納期を遅らせるわけにはいかないので、残業せざるを得ません。
　　납기를 늦출 수는 없으니 잔업할 수밖에 없습니다.

7 下げようがないので　　내릴 수가 없으니

「〜ようがない」는 '〜할 방법이 없다'라는 뜻으로 그렇게 하고는 싶은데 할 방법이 없어서 할 수 없다고 할 때 사용한다. 동사의 ます형에 연결된다.

単語

出費 출비, 경비 ┃ **発注数** 발주수 ┃ **迅速だ** 신속하다 ┃ **供給** 공급 ┃ **納期** 납기 ┃ **遅らせる** 늦추다 ┃ **連絡先** 연락처

◎ 주어진 어구를 이용해 다음 문형을 연습해 봅시다.

1 御社からの〜を拝見した　귀사의 〜를 봤다

| 예 | 見積書 | ➡ | 御社からの見積書を拝見しました。 |

① 契約書　➡ _______________________________

② 社屋移転の通知書　➡ _______________________________

③ 照会状　➡ _______________________________

④ 承諾書　➡ _______________________________

2 もう少し〜を〜ていただかないと　좀 더 〜를 〜해 주시지 않으면

| 예 | 単価 / 抑える | ➡ | もう少し単価を押さえていただかないと |

① 数量 / 減らす　➡ _______________________________

② 予算 / 押さえる　➡ _______________________________

③ 期限 / 早める　➡ _______________________________

④ 納期 / ずらす　➡ _______________________________

単語

契約書 계약서 ｜ **社屋** 사옥 ｜ **移転** 이전 ｜ **通知書** 통지서 ｜ **照会状** 조회장 ｜ **承諾書** 승낙서 ｜ **減らす** 줄이다
期限 기한

3　〜ざるを得(え)ない　　〜할 수밖에 없다

> **예**　難(むずか)しいと言(い)う　➡　難(むずか)しいと言(い)わざるを得(え)ない。

① 忘年会(ぼうねんかい)に行(い)く　➡　_______________________________

② 違約金(いやくきん)を払(はら)う　➡　_______________________________

③ 会社(かいしゃ)を辞(や)める　➡　_______________________________

④ 撤退(てったい)を検討(けんとう)する　➡　_______________________________

4　〜ようがない　　〜할 방법이 없다

> **예**　部品(ぶひん)がない / 直(なお)す　➡　部品(ぶひん)がないから、直(なお)しようがない。

① 名前(なまえ)も知(し)らない / 探(さが)す　➡　_______________________________

② 社長(しゃちょう)の指示(しじ)だ / 背(そむ)く　➡　_______________________________

③ 車(くるま)がない / 行(い)く　➡　_______________________________

④ 出先(でさき)だ / 確認(かくにん)する　➡　_______________________________

単語

忘年会(ぼうねんかい) 송년회 ∣ **違約金(いやくきん)** 위약금 ∣ **撤退(てったい)** 철퇴 ∣ **部品(ぶひん)** 부품 ∣ **指示(しじ)** 지시 ∣ **背(そむ)く** 등지다

◎ 밑줄 친 부분을 주어진 ①~④의 표현으로 바꾸어 연습해 봅시다.

Track23

1

예 ⓐ 数量　　ⓑ 増やす　　ⓒ いかほど

A それじゃ、ⓐ <u>数量</u>をもう少し ⓑ <u>増やし</u>ていただけないでしょうか。

B ⓐ <u>数量</u>をですか。ⓒ <u>いかほど</u>。

① ⓐ サンプル　　　ⓑ 送る　　　ⓒ どのくらい

② ⓐ 価格　　　ⓑ 勉強する　　　ⓒ 何パーセントくらい

③ ⓐ 受け渡し期日　　　ⓑ 延ばす　　　ⓒ 何日ほど

④ ⓐ 単価　　　ⓑ 負ける　　　ⓒ 何パーセントほど

パーセント 퍼센트 ｜ 受け渡し 주고받음, 인도 ｜ 期日 기일 ｜ 負ける 값을 깎아 주다

2

예 ⓐ 単価を押さえる　　ⓑ 難しいと言う　　ⓒ 単価はこれ以上下げる

A もう少し ⓐ 単価を押さえ ていただかないと、こちらとしても ⓑ 難しいと言わ ざるを得ません。

B ⓒ 単価はこれ以上下げ ようがありません。

① ⓐ 納期を早める　　　　ⓑ 他社との契約を検討する　ⓒ 納期は早める

② ⓐ 真面目に働く　　　　ⓑ 辞めてもらう
　 ⓒ これ以上真面目に働く

③ ⓐ 差別化を図る　　　　ⓑ 再契約は考える
　 ⓒ コストを考えると、差別化する

④ ⓐ 不良品を少なくする　ⓑ 契約解除も視野に入れる
　 ⓒ 今よりは減らす

単語

差別化 차별화 ｜ 図る 도모하다, 꾀하다 ｜ 再契約 재계약 ｜ コスト 비용 ｜ 不良品 불량품 ｜ 解除 해제 ｜ 視野 시야

価格交渉
가격 교섭

 会 話

김대성과 나카타가 가격에 대해 이야기하고 있습니다.

金　中田課長ですか。漢江商事の金です。先日はどうも。

中田　いいえ、こちらこそ。

金　例の価格の件で、お電話させていただいたんですが。

中田　ちょうどこちらからご連絡しようと思っていたところです。

金　で、その後、ご検討いただけたでしょうか。

中田　いろいろ検討しましたが、この前おっしゃった価格では、こちらも採算が取れません。諸般の事情もあって、注文数を倍にしていただけないでしょうか。

金　数を倍にするのは、在庫を抱えるおそれがあるのでちょっと厳しいですね。

中田　その代わりと言ってはなんですが、単価の方ははじめ提示した価格より１５％勉強させていただきます。

金　うーん、そこまで譲歩してくださるなら、こちらも折れるよりほかありませんね。わかりました。

中田　ありがとうございます。

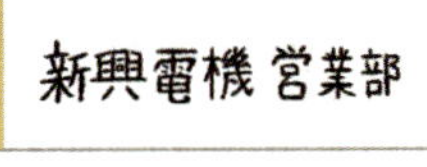

김　　　나카타 과장님입니까? 한강상사의 김입니다. 지난번에는 감사했습니다.

나카타　아닙니다, 저야말로.

김　　　지난번에 얘기한 가격 건으로 전화 드렸습니다만.

나카타　마침 저희 쪽에서 연락 드리려고 생각하던 참입니다.

김　　　네, 그 후에 검토는 해 보셨습니까?

나카타　여러 가지로 검토했습니다만, 지난번에 말씀하신 가격으로는 저희 쪽에서도 채산이
　　　　맞지를 않습니다. 제반 사정도 있으니, 주문 수를 배로 늘려 주실 수는 없을까요?

김　　　수를 배로 하는 것은 재고를 떠안을 우려가 있어서 좀 곤란하네요.

나카타　그 대신이라고 하면 좀 그렇습니다만, 단가는 처음에 제시한 가격보다 15% 할인해 드
　　　　리겠습니다.

김　　　으음, 그렇게까지 양보해 주신다면 저희도 양보할 수밖에 없군요. 알겠습니다.

나카타　감사합니다.

単語

例の 예의 ┃ **その後** 그 후 ┃ **いろいろ** 여러 가지(로) ┃ **この前** 지난번, 일전 ┃ **採算が取れない** 채산이 맞지 않다

諸般の事情 제반 사정 ┃ **数** 수 ┃ **倍** 배 ┃ **在庫** 재고 ┃ **抱える** 떠안다 ┃ **〜おそれがある** 〜할 우려가 있다

厳しい 심하다, 지독하다 ┃ **はじめ** 처음 ┃ **譲歩する** 양보하다 ┃ **折れる** 접히다, 양보하다

〜よりほかない 〜할 수밖에 없다

1 例の価格の件で　지난번에 얘기한 가격 건으로

여기서 사용한「例の」는 '이전에'라는 의미이며, 이것 외에도 '언제나, 여느 때'의 의미도 갖고 있다.

예 例の件、どうなった。 이전의 건, 어떻게 됐어?

例によって。 여느 때와 같이.

例の店で飲もう。 예의 그 가게에서 마시자.

2 ご連絡しようと思っていたところです
연락드리려고 생각하던 참입니다

「〜(よ)うと思う」는 '〜하려고 생각하다'라는 뜻으로 1그룹 동사의 경우 기본형 끝을 オ단으로 바꾸고 う를 붙인다. 2그룹 동사는 る를 よう로 바꾼다. 3그룹 동사는 각각「来よう」,「しよう」가 된다.「〜ところだ」는「동사 기본형 + ところだ(〜하려는 참이다)」,「동사 진행형 + ところだ(〜하는 중이다)」,「동사 과거형 + ところだ(막 〜한 참이다)」의 형태로 많이 사용한다.

예 ちょうど食べるところです。 마침 막 먹으려고 하는 참입니다.

今食べているところです。 지금 먹고 있는 중입니다.

ちょうど食べたところです。 막 먹은 참입니다.

ちょうど今食べようと思っていたところです。 마침 지금 막 먹으려고 하고 있던 참입니다.

3 在庫を抱えるおそれがあるので　재고를 떠안을 우려가 있어서

「〜おそれがある」는 '〜할 우려가 있다'라는 뜻으로 좋지 않은 일이 일어날 가능성이 있는 것을 말할 때 사용한다. 동사의 기본형이나「명사+の」에 연결된다.

예 このままでは倒産のおそれがある。 이대로는 도산의 우려가 있다.

単語

このまま 이대로 ｜ 倒産 도산

4 その代^かわり　　グ 대신

「～代^かわり」는 '~대신'이라는 뜻으로 누군가의 대리라는 뜻도 있고 좋은 일도 있지만 좋지 않은 일도 있다고 말하거나 어떤 좋은 조건을 얻기 위한 대가를 말할 때 사용한다. 명사를 수식하는 형태에 연결된다.

> 예　今日^{きょう}は部長^{ぶちょう}の代^かわりに私^{わたし}が来^きました。 오늘은 부장님 대신에 제가 왔습니다.
> この辺^{へん}は便利^{べんり}な代^かわりに夜遅^{よるおそ}くまでうるさいという短所^{たんしょ}がある。
> 이 주변은 편리한 대신에 밤늦게까지 시끄럽다는 단점이 있다.

5 15％勉強^{べんきょう}させていただきます　　15% 할인해 드리겠습니다

여기서의「勉強^{べんきょう}する」는 '할인하다, 싸게 팔다'의 의미이며,「させていただきます」는「동사 사역형 + ていただきます」로 가장 정중한 겸양 표현이다.

> 예　これから「ＩＴ革命^{アイティーかくめい}」についてお話^{はなし}させていただきます。
> 지금부터 'IT혁명'에 대해서 이야기하겠습니다.
> この仕事^{しごと}は私^{わたし}がやらせていただきます。 이 일은 제가 하겠습니다.

6 折^おれるよりほかありませんね　　양보할 수밖에 없군요

「～(より)ほかない」는 '~할 수밖에 없다'라는 뜻으로 다른 방법이 없다고 말할 때 사용하며 동사의 기본형에 연결된다. 8과에 나온「～ざるを得^えない」와 유사한 표현이지만「～ざるを得^えない」만큼 내키지 않는다는 뉘앙스는 없다.

> 예　終電^{しゅうでん}に乗^のり遅^{おく}れたので、歩^{ある}いて帰^{かえ}るよりほかなかった。
> 막차를 놓쳐서 걸어서 집에 갈 수밖에 없었다.

単語

この辺^{へん} 이 주변 ｜ 短所^{たんしょ} 단점 ｜ 革命^{かくめい} 혁명 ｜ 終電^{しゅうでん} 마지막 전철 ｜ 乗^のり遅^{おく}れる (탈것을) 놓치다

⚙ 주어진 어구를 이용해 다음 문형을 연습해 봅시다.

1 ～(よ)うと思っていたところだ ～하려고 하던 참이다

> 예 連絡する ➡ 連絡しようと思っていたところです。

① 伺う ➡ ___________________________________

② ファックスを送る ➡ ___________________________________

③ 訪問する ➡ ___________________________________

④ お話しする ➡ ___________________________________

2 ～おそれがある ～할 우려가 있다

> 예 在庫を抱える ➡ 在庫を抱えるおそれがある。

① 売り上げダウン ➡ ___________________________________

② 業績が悪化する ➡ ___________________________________

③ 子会社の倒産 ➡ ___________________________________

④ 不渡りを出す ➡ ___________________________________

単語

売り上げ 매출, 매상 ┊ **ダウン** 다운, 감소 ┊ **悪化する** 악화되다 ┊ **子会社** 자회사 ┊ **不渡りを出す** 부도를 내다

3 〜<ruby>代<rt>か</rt></ruby>わりに　〜 대신

> **예**　高い / 品質がいい　➡　高い**代わりに**品質がいいです。

① 不便だ / 環境がいい　➡ ________________________

② 安価だ / アフターサービスが悪い

　➡ ________________________

③ 英語を教えてもらう / 日本語を教えてあげる

　➡ ________________________

④ 名声を手に入れた / 大切なものを失った

　➡ ________________________

4 〜と<ruby>言<rt>い</rt></ruby>ってはなんですが　〜라고 말하기는 무엇합니다만

> **예**　その**代わり**　➡　その**代わりと言ってはなんですが**。

① お礼　➡ ________________________

② お詫び　➡ ________________________

③ お返し　➡ ________________________

④ ご提案　➡ ________________________

単語

安価だ 값이 싸다 ┃ **アフターサービス** 애프터 서비스 ┃ **名声** 명성 ┃ **手に入れる** 손에 넣다 ┃ **失う** 잃다
お詫び 사죄 ┃ **お返し** 답례

会話練習

Track26

1

예
ⓐ 例の価格の件で、お電話する　ⓑ ご連絡する

A ⓐ 例の価格の件で、お電話させていただいたんですが。

B ちょうどこちらから ⓑ ご連絡しようと思っていたところです。

① ⓐ 新製品の件で、寄る　　　　　　　　ⓑ メールをお送りする

② ⓐ 商品の不具合に関することでご連絡する　ⓑ お電話する

③ ⓐ 納期に関してメールをお送りする　　　ⓑ ご連絡差し上げる

④ ⓐ 当社から派遣している契約社員の件で訪問する

　ⓑ 伺う

2 例 ⓐ 単価の方ははじめ提示した価格より15％勉強する　ⓑ 譲歩する
ⓒ 折れる

A ⓐ <u>単価の方ははじめ提示した価格より15％勉強</u>させていただきます。

B そこまで ⓑ <u>譲歩</u>してくださるなら、こちらも ⓒ <u>折れる</u>よりほかありませんね。

① ⓐ 私が直接作る　　　ⓑ する　　　ⓒ お願いする

② ⓐ 20％割引する　　　ⓑ 言う　　　ⓒ 買う

③ ⓐ 直接お宅まで届ける　ⓑ サービスする　ⓒ 契約する

④ ⓐ 私が念書を書く　　　ⓑ 言う　　　ⓒ 納得する

単語

直接 직접 ┃ **割引する** 할인하다 ┃ **サービスする** 서비스 하다 ┃ **念書** 각서

納品
납품

김대성과 나카타가 납품에 대해 이야기하고 있습니다.

金 では、価格の方はそういうことにしまして、後は納期のことですが。

中田 納品の時期は来月の末ということでいかがですか。

金 うーん、それはちょっと困りますね。もう少し早くならないですか。

中田 私どもも現在フル稼働をしているんですが、すでに数ヶ所から引き合いがありまして、生産が追い付かないんです。

金 お立場はわからないこともないですが、そこを何とか都合をつけていただけないでしょうか。

中田 困りましたね。

金 では、どうですか。半数を来月の15日までに、そして残りを月末に納めるということで。これ以上は譲歩しようにもできません。

中田 そうですね。その線で何とか努力してみましょう。

金 ひとつよろしくお願いします。

김	그럼, 가격은 그렇게 하기로 하고, 다음은 납기에 대한 것입니다만.
나카타	납품 시기는 다음 달 말로 하면 어떻겠습니까?
김	음, 그것은 좀 곤란합니다. 좀 더 빨리 안 되겠습니까?
나카타	저희도 현재 풀가동하고 있습니다만, 이미 몇 군데와 거래가 있어서 생산이 따라가지 못합니다.
김	입장을 모르는 건 아니지만, 그걸 어떻게 좀 변통해 주실 수 없을까요?
나카타	곤란하군요.
김	그럼, (이렇게 하면) 어떻습니까? 반을 다음 달 15일까지, 그리고 나머지를 월말에 납품하는 것으로요. 이 이상은 양보하려고 해도 할 수 없습니다.
나카타	그렇군요. 그 선에서 어떻게든 노력해 봅시다.
김	아무쪼록 잘 부탁합니다.

単語

納品 납품 ┃ **時期** 시기 ┃ **末** 끝, 월말 ┃ **現在** 현재 ┃ **フル稼働** 풀가동 ┃ **すでに** 이미 ┃ **数ヶ所** 여러 군데

引き合い 매매의 거래 ┃ **追い付く** 따라붙다 ┃ **立場** 입장 ┃ **～ないこともない** ～하지 않는 것도 아니다

何とか 어떻게든 ┃ **都合をつける** 변통하다 ┃ **半数** 반수 ┃ **そして** 그리고 ┃ **残り** 나머지 ┃ **納める** 거두다, 납품하다

～(よ)うにもできない ～하려고 해도 할 수 없다 ┃ **努力する** 노력하다 ┃ **ひとつ** 아무쪼록

1　引き合いがありまして　　거래가 있어서

여기서의「引き合い」는 '거래, 거래 전의 조회'를 의미한다.

예　不景気のせいで引き合いがまったくない。　불경기 때문에 거래가 전혀 없다.

　　　まったく引き合いがとだえてしまった。　완전히 거래가 끊겼다.

2　生産が追い付かないんです　　생산이 따라가지 못합니다

「追い付く」의 의미에는 '따라잡다, (부족이나 손실 따위를) 만회하다'라는 것이 있다.

예　水不足にこれだけの雨では追い付かない。　물부족에 이 정도의 비로는 어림도 없다.

　　　日本に追い付き追い越せ。　일본을 따라잡아서 앞질러라.

3　わからないこともないですが　　모르는 건 아니지만

「～ないこともない」는 '～하지 않는 것도 아니다'라는 뜻으로 두 번 부정함으로써 그러한 가능성
이 있다거나 그렇게 말할 수 있는 측면도 있다는 뜻을 나타낸다. 동사뿐만 아니라 명사나 형용사에
도 연결시킬 수 있다. 단, 명사나 な형용사에 연결시킬 때는「～でないこともない/～じゃない
こともない」가 된다.

예　条件によっては引き受けないこともない。　조건에 따라서는 받아들이지 않는 것도 아니다.

　　　不便じゃないこともないですが、これぐらいは我慢できます。
　　　불편하지 않은 것은 아니지만 이 정도는 참을 수 있습니다.

不景気 불경기 ┃ ～せいで ～탓으로 ┃ まったく 전혀 ┃ とだえる 끊기다 ┃ 水不足 물 부족 ┃ 追い越す 추월하다
我慢する 참다

4 都合をつけて　변통해

「都合をつける」는 '변통하다, 꾸려나가다'의 의미로 사용되었다.

예 申し訳ないが何とか100万円都合をつけてくれないか。
미안하지만 어떻게든 해서 100만 엔을 마련해 줄 수 없을까?

都合がよければ来てください。　사정이 괜찮으면 와 주십시오.

今日は都合があっていけません。　오늘은 사정이 있어서 갈 수 없습니다.

5 譲歩しようにもできません　양보하려고 해도 할 수 없습니다

「〜(よ)うにも〜ない」는 '〜하려고 해도 〜할 수 없다'라는 뜻으로 어떤 행위를 하려고 해도 그것을 막는 사정이 있어서 못 한다고 할 때 사용한다. 앞에는 의지동사의 의지형, 뒤에는 그 가능형, 아니면 앞의 동사와 짝이 되는 자동사가 있는 경우에는 그 자동사가 오는 경우도 있다.

예 お世話になった人の頼みだから、断ろうにも断れない。
신세를 진 사람의 부탁이라서 거절하려고 해도 거절할 수가 없다.

かばんが小さくて入れようにも入らない。　가방이 작아서 넣으려고 해도 들어가지 않는다.

6 何とか努力してみましょう　어떻게든 노력해 봅시다

「何とか」는 어려운 일이지만 어떤 방법을 생각해서 해 보도록 하자는 뉘앙스를 갖고 있다.

예 何とか今日中に仕上げます。　어떻게든 오늘 중으로 완성하겠습니다.

何とかならないでしょうか。　어떻게 안 되겠습니까?

単語

頼み 부탁 ｜ 断る 거절하다

文型練習

1 もう少し〜く（に）ならないですか 좀 더 〜하게 안 되겠습니까?

예 早い ➡ もう少し早くならないですか。

① 安い ➡ ____________________________________

② 高い ➡ ____________________________________

③ 涼しい ➡ ____________________________________

④ 静かだ ➡ ____________________________________

2 〜ないこともない 〜하지 않는 것도 아니다

예 わかる ➡ わからないこともない。

① できる ➡ ____________________________________

② 読める ➡ ____________________________________

③ 間に合う ➡ ____________________________________

④ 忙しい ➡ ____________________________________

3 〜（よ）うにも〜ない　　〜하려고 해도 〜할 수 없다

예　行く　➡　行こうにも行けない。

① 作る　➡　________________________

② 運ぶ　➡　________________________

③ 開ける　➡　________________________

④ 来る　➡　________________________

4 その線で何とか〜てみましょう　　그 선에서 어떻게든 〜해 봅시다

예　努力する　➡　その線で何とか努力してみましょう。

① 考える　➡　________________________

② まとめる　➡　________________________

③ 協議する　➡　________________________

④ はかる　➡　________________________

単語

運ぶ 운반하다, 나르다 ｜ 開ける 열다 ｜ まとめる 통합하다, 정리하다 ｜ 協議する 협의하다 ｜ はかる 꾀하다, 재다

Track29

1 예 ⓐ 納品の時期　　ⓑ 来月の末

A　ⓐ <u>納品の時期</u>は ⓑ <u>来月の末</u>ということでいかがですか。

B　うーん、それはちょっと困りますね。

① ⓐ 打ち合わせ　　　　　ⓑ 明後日

② ⓐ 協議　　　　　　　　ⓑ 部長が帰り次第

③ ⓐ 懇親会　　　　　　　ⓑ 年末

④ ⓐ 取引　　　　　　　　ⓑ 見送り

単語

懇親会 친목 모임 ｜ **年末** 연말 ｜ **見送り** 보류

2

예
ⓐ 生産が追い付かない　　ⓑ お立場はわかる

ⓒ そこを何とか都合をつける

A　ⓐ 生産が追い付かないんです。
B　ⓑ お立場はわからないこともないですが、ⓒ そこを何とか都合を
つけていただけないでしょうか。

① ⓐ 体調が悪い　　ⓑ 事情はわかる

　ⓒ もう少し仕事のペースを上げる

② ⓐ 字が下手だ　　ⓑ 読める　　ⓒ もう少し丁寧に書く

③ ⓐ 機械が故障した　　ⓑ 間に合う　　ⓒ もう少し早く仕上げる

④ ⓐ これがぎりぎりの線　　ⓑ コストが上がっていることはわかる

　ⓒ もう少し単価を押さえる

単語

体調が悪い 몸이 안 좋다 ｜ **字** 글자 ｜ **機械** 기계 ｜ **故障する** 고장 나다

商談成立
상담 성립

🔘 Track31 会話

김대성과 나카타가 이야기하고 있습니다.

金　いや、今回は本当にいろいろと便宜をはかっていただいてありがとうございました。

中田　他でもない金課長と私の仲ですから。

金　助かります。

中田　長いお付き合いですので、お互い持ちつ持たれつで、助けあってこそ不況の波を乗りきれるというものですよ。

金　無理を言って申し訳ございません。私どもも今が正念場。景気回復の暁には十分にお返しさせていただきます。

中田　今回だけですよ。次は私の顔を立ててもらいます。

金　恩に着ます。

中田　それから他の取引条件はいつものとおりでお願いします。

金　承知しました。

中田　納期は先日お話したとおりに。

金　では、契約書を郵送させていただきますので、ご査収ください。

김　　　야, 이번에는 정말로 여러 가지로 편의를 봐주셔서 감사합니다.

나카타　다른 사람도 아닌 김 과장님과 저의 관계니까요.

김　　　많은 도움이 되었습니다.

나카타　오랜 관계이기 때문에 상부상조하며 서로 도와야만 불황의 과도를 극복할 수 있는 것
이지요.

김　　　무리한 부탁을 드려 죄송합니다. 저희들에게도 지금이 중요한 시기입니다. 경기가 회
복되는 그때에는 충분히 보답하겠습니다.

나카타　이번뿐입니다. 다음에는 제 체면을 세워 주셔야 합니다.

김　　　은혜를 입었습니다.

나카타　그리고 다른 거래 조건은 예전과 같이 부탁합니다.

김　　　알겠습니다.

나카타　납기일은 지난번에 이야기한 대로.

김　　　그럼, 계약서를 우송해 드릴 테니 확인해 주세요.

単語

成立 성립 ｜ **便宜をはかる** 편의를 도모하다 ｜ **他でもない** 다른 것이 아니다 ｜ **仲** 사이 ｜ **お付き合い** 교제

持ちつ持たれつ 서로 도움 ｜ **助けあう** 서로 돕다 ｜ **～こそ** ～야말로 ｜ **不況** 불황 ｜ **波** 파도

乗りきれる 극복할 수 있다 ｜ **正念場** 제일 중요한 장면 ｜ **景気** 경기 ｜ **回復** 회복

暁 새벽, (어떤 일이 실현되는) 그 때 ｜ **次** 다음 ｜ **顔を立てる** 낯을 세우다 ｜ **恩に着る** 은혜를 입다

～とおりで ～대로 ｜ **郵送する** 우송하다 ｜ **査収** 사수, 잘 조사하여 받음

1 持ちつ持たれつで　　상부상조하며

「〜つ〜つ」는 '〜하기도 하고 〜하기도 하고'라는 뜻으로 「〜たり〜たり」와 유사한 표현이지만 전항과 후항에 대립되는 동사가 오거나 후항에 전항의 동사의 수동형이 오는 경우가 많다. 이 표현은 관용적인 것이라서 쓸 수 있는 동사는 한정된다. 동사의 ます형에 연결된다.

例　差しつ差されつ、楽しくお酒を飲んだ。　권커니 잣거니 즐겁게 술을 마셨다.

2 助けあってこそ　　서로 도와야만

「〜こそ」는 '〜야말로'라는 뜻으로 명사나 조사, 동사의 て형 등에 연결된다.

例　田中くんがいたからこそ、このプロジェクトは成功したのです。
다나카 군이 있었기에 이 프로젝트는 성공한 것입니다.

3 乗りきれるというものですよ　　극복할 수 있는 것이지요

「〜というものだ」는 '〜라는 것이다'라는 뜻으로 어떤 사실을 보고 감상이나 비판을 단정적으로 말할 때 쓴다. 보통형에 연결되는데 명사 및 な형용사에 연결될 때는「だ」없이 연결된다.

例　3日で調査を終えるなんて、それは無理というものです。
3일 만에 조사를 마치다니 그건 무리라는 것입니다.

4 景気回復の暁には　　경기가 회복되는 그때에는

「暁」는 '새벽'이라는 뜻으로, 비유적으로 어떤 일이 성취되는 것을 나타낸다. 그 의미상 긍정적인 것에만 사용한다. 동사에 연결시킬 때는 た형 뒤에 연결시킨다.

例　誘致に成功した暁にはお礼をさせていただきます。
유치에 성공했을 때에는 사례를 해 드리겠습니다.

単語

差しつ差されつ 권커니 잣거니 ┃ **成功** 성공 ┃ **終える** 끝내다 ┃ **誘致** 유치

5 　顔を立ててもらいます　체면을 세워 주셔야 합니다

「顔を立てる」는 '체면을 세우다'라는 표현인데 이와 같이 「顔」가 체면이라는 뜻으로 쓰이는 관용 표현이 많이 있다.

예　顔を潰す。 체면이 깎이다.

　　顔に泥を塗る。 얼굴에 먹칠을 하다.

　　顔が広い。 발이 넓다.

6 　恩に着ます　은혜를 입었습니다

「恩に着る」는 '은혜를 고맙게 생각하다'라는 뜻으로 쓰이는 표현이고, 거꾸로 본인이 은혜를 베풀었다며 생색을 내는 것은 사역형을 사용해서 「恩に着せる」라고 하며 또 그러한 느낌을 주는 모양을 「恩着せがましい」라고 한다.

예　A: 課長になれたのは誰のおかげだと思っているんだ。

　　　과장이 될 수 있었던 것은 누구 덕분이라고 생각하는 거야?

　　B: ずいぶん恩着せがましい言い方をなさいますね。 패 생색을 내시는군요.

7 　いつものとおりで　예전과 같이

「〜とおり」는 '〜대로'라는 뜻으로 앞의 내용과 일치함을 나타낸다. 명사를 수식하는 형태에 연결되는데 명사에 연결되는 형태는 「명사＋のとおり」와 「명사＋どおり」의 두 가지가 있다. 탁점에 주의한다.

예　予想したとおりの結果だった。 예상한 대로의 결과였다.

　　約束どおり、サンプルをお持ちしました。 약속대로 샘플을 가지고 왔습니다.

単語

潰す 으깨다 ｜ 泥 진흙 ｜ 塗る 바르다 ｜ ずいぶん 패 ｜ 恩着せがましい 생색 내듯 굴다 ｜ 言い方 말투
予想する 예상하다 ｜ 結果 결과

文型練習

1　〜つ〜つ　〜하기도 하고 〜하기도 하고

예　持つ / 持たれる　➡　持ちつ持たれつ

① 抜く / 抜かれる　➡　__________________________

② 差す / 差される　➡　__________________________

③ 行く / 戻る　➡　__________________________

④ 浮く / 沈む　➡　__________________________

2　〜というものだ　〜라는 것이다

예　乗りきれる　➡　乗りきれるというものだ。

① これが愛だ　➡　__________________________

② その考え方は非常識だ　➡　__________________________

③ 努力のかいがあった　➡　__________________________

④ これで乗りきれる　➡　__________________________

単語

抜く 빼다 ┃ **差す** (술을) 권하다 ┃ **浮く** 뜨다 ┃ **沈む** 가라앉다 ┃ **愛** 사랑 ┃ **考え方** 사고방식 ┃ **非常識** 비상식

かい 보람

3 〜暁には ～했을 때에는

| 예 | 景気回復 ➡ 景気回復の 暁 には |

① 特許を取得する ➡ _______________________

② 製品が完成する ➡ _______________________

③ 会社再建 ➡ _______________________

④ 目標達成 ➡ _______________________

4 〜とおり ～대로

| 예 | いつも ➡ いつものとおり |

① ここに書いてある ➡ _______________________

② 私が言った ➡ _______________________

③ 前から思っていた ➡ _______________________

④ 計画 ➡ _______________________

単語

特許 특허 ∣ **取得する** 취득하다 ∣ **再建** 재건 ∣ **目標** 목표 ∣ **達成** 달성

会話練習

🔘 *Track32*

1 例 ⓐ 景気回復　　ⓑ 十分にお返しする　　ⓒ 私の顔を立てる

A ⓐ 景気回復の 暁 には ⓑ 十分にお返しさせていただきます。

B 次は ⓒ 私の顔を立ててもらいます。

① ⓐ 受賞　　　　　　ⓑ 一度ごちそうする　　　ⓒ おごる

② ⓐ 契約が成立する　　ⓑ お礼をする　　　　　ⓒ こちらの条件をのむ

③ ⓐ 落札　　　　　　ⓑ 挨拶に伺う　　　　　ⓒ 折れる

④ ⓐ 役員就任　　　　ⓑ ポストを一つ用意する　ⓒ 私の要望も聞く

単語

受賞 수상 ┃ **ごちそうする** 대접하다, 한턱내다 ┃ **おごる** 한턱내다 ┃ **条件をのむ** 조건을 받아들이다 ┃ **落札** 낙찰
役員 임원, 간부 ┃ **就任** 취임 ┃ **ポスト** 우편함 ┃ **用意する** 준비하다 ┃ **要望** 요망

2 예
ⓐ 納期（のうき）　ⓑ 先日（せんじつ）お話（はなし）した　ⓒ 契約書（けいやくしょ）を郵送（ゆうそう）する

A　ⓐ 納期（のうき）は ⓑ 先日（せんじつ）お話（はなし）した**とおり**に。
B　では、ⓒ 契約書（けいやくしょ）を郵送（ゆうそう）させていただきます。

① ⓐ 価格（かかく）　ⓑ ホームページに書（か）いてある
ⓒ 商品（しょうひん）を配送（はいそう）する

② ⓐ 会議（かいぎ）　ⓑ 昨日（きのう）の話（はなし）　ⓒ こちらで場所（ばしょ）の準備（じゅんび）をする

③ ⓐ 変更事項（へんこうじこう）　ⓑ こちらが指定（してい）した　ⓒ さっそく作業（さぎょう）に入（はい）る

④ ⓐ スケジュール　ⓑ 前回決定（ぜんかいけってい）した　ⓒ 関係各位（かんけいかくい）にメールを送（おく）る

単語

配送（はいそう）する 배송하다 ┃ 事項（じこう） 사항 ┃ 指定（してい）する 지정하다 ┃ 作業（さぎょう） 작업 ┃ 関係（かんけい） 관계 ┃ 各位（かくい） 각위, 여러분

交渉着手
こう しょうちゃく しゅ

교섭 착수

金　土曜日にもかかわらず、時間を作っていただいてありがとうございます。

池田　こちらこそ、わざわざお越しいただきましてありがとうございます。さっそくですが、本題に入りましょうか。

金　わかりました。契約更新にあたって両社の希望価格の提示ということでしたね。

池田　そうです。

金　それでは我が社の方から価格を提示します。これまで我が社は一個当り2500円で貴社にお出ししていましたが、100円値上げの2600円でいかがなものでしょうか。

池田　困りましたね。他社との価格競争が激しくて、当社として準備しましたものは50円値下げの2450円なんですが。

金　申し入れにかなりの差があります。調整にいくらか検討する時間が必要ですね。

池田　それじゃ、一週間の余裕を見て、来週のこの時間にもう一度会うということで。

金　こちらも何とかご希望に沿えるよう、それまでにもう一度検討してみます。

김	토요일인데도 불구하고 시간을 내 주셔서 감사합니다.
이케다	저야말로 일부러 와 주셔서 감사합니다. 바로 본 주제로 들어갈까요?
김	알겠습니다. 계약 갱신에 있어서 양사의 희망 가격을 제시하는 것이었지요.
이케다	그렇습니다.
김	그러면 저희 회사부터 가격을 제시하겠습니다. 지금까지 저희 회사는 한 개당 2,500 엔에 귀사에 공급하였습니다만, 100엔 올린 2,600엔에 어떠십니까?
이케다	곤란하군요. 타사와의 가격경쟁이 심해서 저희 회사에서 준비한 것은 50엔 내린 2,450엔입니다만.
김	제안에 상당한 차이가 있군요. 조정에 얼마간 검토할 시간이 필요하겠습니다.
이케다	그럼, 일주일 정도 여유를 두고 다음 주 이 시간에 다시 만나는 것으로 하지요.
김	저희도 어떻게든 희망하시는 바를 따를 수 있도록, 그때까지 다시 한번 검토해 보겠습니다.

単語

〜にもかかわらず 〜에도 불구하고 ｜ **本題** 본 주제 ｜ **更新** 갱신 ｜ **〜にあたって** 〜에 임해서 ｜ **両社** 양사, 두 회사
希望 희망 ｜ **これまで** 지금까지 ｜ **〜当り** 〜당 ｜ **値上げ** 가격 인상 ｜ **競争** 경쟁 ｜ **激しい** 격하다, 심하다
値下げ 인하 ｜ **申し入れ** 제안 ｜ **差** 차, 차이 ｜ **いくらか** 얼마간, 다소 ｜ **必要だ** 필요하다 ｜ **余裕を見る** 여유를 두다
沿う 따르다, 부응하다

1 土曜日にもかかわらず 토요일인데도 불구하고

「〜にもかかわらず」는 '〜임에도 불구하고, 〜에도 관계없이'의 두 가지 의미가 있다.

예 勉強したにもかかわらず昇進試験に落ちた。 공부했음에도 불구하고 승진 시험에서 떨어졌다.

好むと好まざるとにかかわらずしなければならない。

좋아하고 좋아하지 않는 것에 관계없이 해야 한다.

2 さっそくですが 바로 용건에 들어갑니다만

「さっそくですが」는 직역하면 '조속하지만'이 되는데, '바로 용건에 들어갑니다만'이라는 관용적인 표현으로 메일 등에도 자주 등장하는 표현이다.

예 さっそくですが、先週の件について申し上げます。

바로 용건에 들어갑니다만, 지난주 건에 대해 말씀 드리겠습니다.

3 契約更新にあたって 계약 갱신에 있어서

「〜にあたって」는 '〜에 임해서'라는 뜻으로 동작이 행해지는 때나 장소를 나타낸다. 비슷한 말에 「〜にあたり」가 있으며, 뒤에 명사가 올 때는 「〜にあたっての + 명사」이다.

예 開会式にあたって一言ご挨拶を申し上げます。

개회식에 임해서 한마디 인사 말씀을 올리겠습니다.

卒業式にあたっての心がまえ。 졸업식에 임하는 각오.

単語

好む 좋아하다 ｜ **開会式** 개회식 ｜ **一言** 한 마디 ｜ **卒業式** 졸업식 ｜ **心がまえ** 각오, 마음의 준비

4 貴社にお出ししていましたが　귀사에 공급하였습니다만

「会社に出す」の「出す」는 '제품이나 물건을 납품하다'의 의미이다.

> **예** 父親の代よりうちは貴社には出しておりました。
> 아버지 대부터 저희는 귀사에는 납품하고 있었습니다.

5 申し入れにかなりの差があります　제안에 상당한 차가 있군요

「申し入れる」는 자신의 의지나 생각을 정식으로 상대에게 전하는 것이며 「申し入れ」는 '신청, 제의'의 뜻이다.

> **예** 某社の申し入れをどのように断ろうか。　모 회사의 제의를 어떻게 거절할 것인가?
> 彼の一方的な申し入れにはもう我慢できない。　그의 일방적인 제의는 더 이상 참을 수 없다.

6 ご希望に沿えるよう　희망하시는 바를 따를 수 있도록

「〜に沿う」는 '〜에 부응하다'라는 뜻으로 어떤 대상에서 떨어지거나 빗나가지 않는 것을 나타낸다. 뒤에 있는 「〜よう」는 「〜ように」와 같은 것이지만 「〜よう」가 더 격식을 차린 표현이다.

> **예** 会社の経営方針に沿ってプロジェクトを運営する。
> 회사의 경영 방침에 부응해서 프로젝트를 운영한다.

単語

父親 아버지 ｜ 代 대 ｜ 〜より 〜부터 ｜ 某社 모 회사 ｜ 一方的 일방적 ｜ 経営 경영 ｜ 運営する 운영하다

⚙ 주어진 어구를 이용해 다음 문형을 연습해 봅시다.

1 ～にもかかわらず ～인데도, ～임에도 불구하고

> 예 土曜日 ➡ 土曜日にもかかわらず

① 原価が安い ➡ ___________________________

② あれほど言った ➡ ___________________________

③ 雨 ➡ ___________________________

④ お越しいただいた ➡ ___________________________

2 ～にあたって ～에 임해서

> 예 契約更新 / 希望価格の提示
> ➡ 契約更新にあたって希望価格の提示ということでしたね。

① 会議 / ビームプロジェクターが必要だ

➡ ___________________________

② 修理 / 料金が発生する ➡ ___________________________

③ 保証 / 期間を限定する ➡ ___________________________

④ 契約 / 前向きに検討する ➡ ___________________________

単語

原価 원가 ┃ **ビームプロジェクター** 빔 프로젝터 ┃ **修理** 수리 ┃ **料金** 요금 ┃ **発生する** 발생하다 ┃ **保証** 보증
期間 기간 ┃ **限定する** 한정하다 ┃ **前向きに** 발전적으로, 적극적으로

3　〜にかなりの〜がある　　〜에 상당한 〜가 있다

| 예 | 申し入れ / 差　➡　申し入れにかなりの差があります。 |

① 意見 / 食い違い　➡　＿＿＿＿＿＿＿＿＿＿＿＿＿＿＿＿＿＿

② 価格 / 隔たり　➡　＿＿＿＿＿＿＿＿＿＿＿＿＿＿＿＿＿＿

③ 労働条件 / 無理　➡　＿＿＿＿＿＿＿＿＿＿＿＿＿＿＿＿＿＿

④ 見積もり / 割り増し　➡　＿＿＿＿＿＿＿＿＿＿＿＿＿＿＿＿＿＿

4　〜よう　　〜도록

| 예 | ご希望に沿う　➡　ご希望に沿えるよう頑張ります。 |

① いい上司になる　➡　＿＿＿＿＿＿＿＿＿＿＿＿＿＿＿＿＿＿

② 期待に応える　➡　＿＿＿＿＿＿＿＿＿＿＿＿＿＿＿＿＿＿

③ プロジェクトを動かす　➡　＿＿＿＿＿＿＿＿＿＿＿＿＿＿＿＿＿＿

④ 大学に合格する　➡　＿＿＿＿＿＿＿＿＿＿＿＿＿＿＿＿＿＿

単語

意見 의견 ｜ **食い違い** 차이, 어긋남 ｜ **隔たり** 거리, 격차, 차 ｜ **労働** 노동 ｜ **割り増し** 할증
応える 응답하다, 부응하다 ｜ **動かす** 움직이게 하다 ｜ **合格する** 합격하다

⚙ 밑줄 친 부분을 주어진 ①~④의 표현으로 바꾸어 연습해 봅시다.

Track35

1

예　ⓐ 土曜日　ⓑ 時間を作っていただく　ⓒ わざわざお越しいただく

A　ⓐ <u>土曜日</u>にもかかわらず ⓑ <u>時間を作っていただい</u>てありがとうございます。

B　こちらこそ、ⓒ <u>わざわざお越しいただき</u>ましてありがとうございます。

① ⓐ 雨　　　　　　　　　ⓑ ご来場くださる

　　ⓒ 素敵な展示会を開いてくださる

② ⓐ ご多忙中　　　　　　ⓑ ご協力くださる

　　ⓒ 素晴らしいチームに参加させていただく

③ ⓐ こちらがミスした　　ⓑ ご寛大な処置をとってくださる

　　ⓒ 誠意のある対応をしていただく

④ ⓐ 未完成　　　　　　　ⓑ 購入を決定してくださる

　　ⓒ 専売契約を結んでくださる

単語

来場 グ 장소에 옴 ｜ **展示会** 전시회 ｜ **開く** 열다, 개최하다 ｜ **協力** 협력
参加する 참가하다 ｜ **ミスする** 실수하다 ｜ **寛大だ** 관대하다 ｜ **処置** 처치 ｜ **誠意** 성의 ｜ **未完成** 미완성
専売 전매 ｜ **結ぶ** 맺다, 체결하다

2 예　ⓐ 一個（いっこ）　ⓑ 2500円（にせんごひゃくえん）　ⓒ 100円（ひゃくえん）　ⓓ 50円（ごじゅうえん）

A　ⓐ 一個（いっこ）当（あた）り ⓑ 2500円（にせんごひゃくえん）で貴社（きしゃ）にお出（だ）ししていましたが、
　　ⓒ 100円（ひゃくえん）値上（ねあ）げの2600円（にせんろっぴゃくえん）でいかがなものでしょうか。

B　困（こま）りましたね。当社（とうしゃ）として準備（じゅんび）しましたものは ⓓ 50円（ごじゅうえん）値下（ねさ）げの
　　２４５０円（にせんよんひゃくごじゅうえん）なんですが。

① ⓐ 一冊（いっさつ）　ⓑ 550円（えん）　ⓒ 40円（えん）　ⓓ 50円（えん）
② ⓐ 一枚（いちまい）　ⓑ 870円（えん）　ⓒ 30円（えん）　ⓓ 20円（えん）
③ ⓐ 一足（いっそく）　ⓑ 6300円（えん）　ⓒ 200円（えん）　ⓓ 100円（えん）
④ ⓐ 一着（いっちゃく）　ⓑ 12500円（えん）　ⓒ 1200円（えん）　ⓓ 600円（えん）

単語

〜冊（さつ）　〜권(책 등을 세는 조수사) ｜ 〜枚（まい）　〜장(종이, 접시 등을 세는 조수사) ｜ 〜足（そく）　〜켤레(구두, 양말 등을 세는 조수사)
〜着（ちゃく）　〜벌(옷을 세는 조수사)

再検討
재검토

김대성과 이케다가 계약 조건에 대해 이야기하고 있습니다.

金　これが当社の生産課長の成と経理課長の余です。

池田　それはどうも。池田です。

成・余　いつもお世話になっております。

金　ところで、ご検討いただけましたでしょうか。

池田　はい。先週の書類によりますと20％上昇分をなんとか100円の
値上げでカバーしたいということですね。

成　そうです。今年に入ってからというもの、材料費が20％ほど値
上がっておりますもので。

余　と同時に人件費アップも重なりまして、このままでは経理が大
変厳しい状況におかれてしまいます。

池田　貴社の状況は十分にお察ししますが、100円の値上げにはお答え
しかねます。当社も厳しいことには変わりがありませんので。

金　しかし、このままでは。

池田　その代わりと言ってはなんですが、当社の発注量を、現在の2割
増しとして、年12万個を保証するということでいかがでしょうか。

김	이쪽이 저희 회사의 생산과장인 성, 경리과장인 여입니다.
이케다	잘 부탁합니다. 이케다입니다.
성·여	항상 신세를 지고 있습니다.
김	그런데, 검토는 하셨습니까?
이케다	네. 지난주 서류에 의하면 20% 상승분을 어떻게든 100엔 인상으로 커버하고 싶다는 얘기였지요.
성	그렇습니다. 올해 들어서부터 재료비가 20% 정도 올랐기 때문에요.
여	그와 동시에 인건비 상승도 겹쳐서 이대로는 재정이 대단히 어려운 상황에 놓이게 됩니다.
이케다	귀사의 상황은 충분히 알겠습니다만, 100엔 인상에는 대답해 드리기 어렵습니다. 저희 회사도 어렵기는 마찬가지이기 때문입니다.
김	그러나, 이대로는.
이케다	그 대신이라고 하기는 무엇하지만, 저희 회사의 발주량을 현재보다 20% 늘려서 연간 12만 개를 보증하는 것으로 하면 어떨까요?

単語

経理（けいり） 경리 ｜ 書類（しょるい） 서류 ｜ ～によると ～에 따르면 ｜ 上昇分（じょうしょうぶん） 상승분 ｜ カバーする 커버하다

～てからというもの ～하고 나서 ｜ 材料費（ざいりょうひ） 재료비 ｜ と同時に（どうじに） 그와 동시에 ｜ 人件費（じんけんひ） 인건비 ｜ アップ 업, 상승

重なる（かさなる） 겹치다, 중복되다 ｜ ～におかれる ～에 놓이다 ｜ 察する（さっする） 헤아리다, 살피다 ｜ ～かねる ～하기 어렵다

変わり（かわり） 변화 ｜ 発注量（はっちゅうりょう） 발주량 ｜ ～割（わり） ～할 ｜ 増し（まし） 증가

1 書類によりますと　서류에 의하면

「~によると」는 '~에 의하면, ~에 따르면'이라는 뜻으로 전문의 문장에서 정보의 출처를 가리킬 때 사용한다.

예 天気予報によると、明日は雨だそうです。　일기 예보에 따르면 내일은 비가 온다고 합니다.

2 今年に入ってからというもの　올해 들어서부터

「~てからというもの」는 '~하고 나서'라는 뜻으로 어떤 일을 계기로 그 이전과 이후가 크게 달라졌다고 말할 때 사용한다.

예 結婚してからというもの、彼はすっかり変わってしまった。
결혼하고 나서 그는 완전히 변해 버렸다.

3 十分にお察ししますが　충분히 알겠습니다만

「察する」는 상황이나 분위기 등으로 추측하거나 짐작할 때 쓰는 말이다.

예 彼の表情からただならぬ気配を察した。　그의 표정에서 심상치 않은 기색을 감지했다.
彼には無償で人を助けていたと察せられるふしがある。
그가 무상으로 다른 사람에게 도움을 준다고 추측하게 하는 점이 있다.

4 お答えしかねます　대답해 드리기 어렵습니다

「동사 ます형 + かねる」는 어떤 행위를 하려고 할 때 대상이나 주체가 갖고 있는 조건에 의해 곤란함을 느낄 때 사용한다. 「동사 ます형 + づらい」, 「동사 ます형 + がたい」와 같은 의미이다. 특히 「かねる」는 정신적·심리적으로 강한 저항감을 포함하며 정말로 할 수 없다는 느낌이 강하다.

예 本人にがんであることを知らせることなどできかねる。
본인에게 암이라는 것을 알리는 것은 어려운 일이다.

このように一つしかない貴重な薬はちょっと飲みかねます。
이처럼 하나밖에 없는 귀중한 약은 쉽게 먹을 수 없습니다.

表情 표정 ｜ ただならぬ 심상치 않은 ｜ 気配 기색 ｜ 無償 무상 ｜ ふし 주목할 만한 점 ｜ 本人 본인 ｜ がん 암
貴重だ 귀중하다

5　当社も厳しいことには　　저희 회사도 어렵기는

형용사 「厳しい」에는 다음과 같은 의미가 있다.

① 엄격하다

예　うちの父は大変厳しい人であった。　우리 아버지는 대단히 엄격한 사람이었다.

② (사물의 상태, 사람의 표정 등이) 긴장하고 있다

예　その話を聞くやいなや、急に厳しい表情になった。
　　그 이야기를 듣자마자 갑자기 긴장된 표정이 되었다.

③ (추위나 더위의 정도가) 심하다, 혹독하다

예　今年は残暑が厳しい。　올해는 늦더위가 심하다.

④ (산 등의 경사가) 험하다

예　あの山は傾斜が厳しく登山は無理だ。　저 산은 경사가 심해서 등산은 무리다.

6　その代わりと言ってはなんですが　　그 대신이라고 하기는 무엇하지만

「なに/なん」는 확실하게 지정해서 말하기 힘든 어떤 것을 가리키는 말이다.

예　まあ、なんですかね、どうでもいいことなんですが。
　　음, 뭐랄까요, 어떻게 되어도 상관없습니다만.

単語

～やいなや　～하자마자 ｜ 残暑 늦더위 ｜ 傾斜 경사 ｜ 登山 등산

⚙ 주어진 어구를 이용해 다음 문형을 연습해 봅시다.

1 ～てからというもの　～하고 나서

예　今年（ことし）に入（はい）る　➡　今年（ことし）に入（はい）ってからというもの

① 彼（かれ）に会（あ）う　➡　________________________

② 就職（しゅうしょく）する　➡　________________________

③ 大学（だいがく）を卒業（そつぎょう）する　➡　________________________

④ 上場（じょうじょう）する　➡　________________________

2 と同時（どうじ）に～も重（かさ）なって　동시에 ～도 겹쳐서

예　人件費（じんけんひ）アップ　➡　と同時（どうじ）に人件費（じんけんひ）アップも重（かさ）なりまして

① 出産（しゅっさん）　➡　________________________

② 連休（れんきゅう）　➡　________________________

③ 不良品（ふりょうひん）　➡　________________________

④ 従業員（じゅうぎょういん）のスト　➡　________________________

単語

就職（しゅうしょく）する 취직하다 ｜ **上場（じょうじょう）する** 상장하다 ｜ **出産（しゅっさん）** 출산 ｜ **連休（れんきゅう）** 연휴 ｜ **従業員（じゅうぎょういん）** 종업원 ｜ **スト** 파업(ストライキ의 준말)

3 〜には＋동사 ます형＋かねます　〜에는 〜하기 어렵습니다

> **예** 100円の値上げ / お答えする
>
> ➡ 100円の値上げにはお答えしかねます。

① 朝6時 / 起きる　➡ ______________________________

② 明日まで / 決める　➡ ______________________________

③ 部長の意見 / 納得する　➡ ______________________________

④ 工場移転 / 同意する　➡ ______________________________

4 〜ことには変わりがない　〜임은 마찬가지이다

> **예** 当社も厳しい　➡　当社も厳しいことには変わりがありません。

① ここも便利だ　➡ ______________________________

② B社の商品も価格が手頃だ　➡ ______________________________

③ こちらも譲歩している　➡ ______________________________

④ 弊社も今期は苦戦している　➡ ______________________________

単語

決める 정하다 ┃ **同意する** 동의하다 ┃ **手頃だ** 적당하다 ┃ **今期** 이번 기간

🔅 밑줄 친 부분을 주어진 ①~④의 표현으로 바꾸어 연습해 봅시다.

🔘 **Track38**

1

예
ⓐ 20％上昇分をなんとか100円の値上げでカバーしたい
ⓑ 今年に入る　　ⓒ 材料費が20％ほど値上がっておりますもので

A　ⓐ ２０％上昇分をなんとか100円の値上げでカバーしたいということですね。

B　そうです。ⓑ 今年に入ってからというもの、ⓒ 材料費が20％ほど値上がっておりますもので。

① ⓐ 労働組合がストに入りそうだ　　ⓑ 経営者が変わる
ⓒ 労使関係がうまくいっていませんので

② ⓐ 株価が下がった　　ⓑ 今月に入る　　ⓒ 輸出が鈍っていますので

③ ⓐ 納期が遅れそうだ　ⓑ 地震が発生する
ⓒ 資材が入ってきていませんので

④ ⓐ 今月の家賃が払えない　　ⓑ 母が倒れる

ⓒ つきっきりで看病していますので

単語

労働組合 노동조합 ｜ **経営者** 경영자 ｜ **労使関係** 노사 관계 ｜ **株価** 주가 ｜ **下がる** 내려가다 ｜ **鈍る** 둔해지다
地震 지진 ｜ **資材** 자재 ｜ **家賃** 집세 ｜ **倒れる** 쓰러지다 ｜ **つきっきりで** 늘 곁에 붙어서 ｜ **看病する** 간병하다

2 例 ⓐ 経理（けいり）　ⓑ 当社の発注量を年12万個保証（とうしゃ はっちゅうりょう ねんじゅうにまんこ ほしょう）

A　このままでは ⓐ 経理（けいり）が大変厳しい状態（たいへんきびしい じょうたい）におかれてしまいます。

B　その代わり（が）といってはなんですが、ⓑ 当社の発注量を年12万個（とうしゃ はっちゅうりょう ねんじゅうにまんこ）
保証（ほしょう）ということでいかがでしょうか。

① ⓐ 工場（こうじょう）　　　　　ⓑ 利息の支払いを６ヶ月待つ（りそく しはら ろっかげつま）

② ⓐ 会社（かいしゃ）　　　　　ⓑ 当分の間、前の方で代替する（とうぶん あいだ まえ ほう だいたい）

③ ⓐ 海外支社（かいがいししゃ）　ⓑ 現地の法人として認める（げんち ほうじん みと）

④ ⓐ 組合（くみあい）　　　　　ⓑ 来月から全員本採用する（らいげつ ぜんいんほんさいよう）

単語

利息（りそく） 이자 ┃ **支払い（しはら）** 지불 ┃ **当分の間（とうぶん あいだ）** 당분간 ┃ **代替する（だいたい）** 대체하다 ┃ **支社（ししゃ）** 지사 ┃ **現地（げんち）** 현지 ┃ **法人（ほうじん）** 법인
認める（みと） 인정하다 ┃ **組合（くみあい）** 조합 ┃ **全員（ぜんいん）** 전원 ┃ **本採用（ほんさいよう）** 본 채용

妥協
타협

Track40 会話

김대성과 이케다가 계약 조건에 대해 이야기하고 있습니다.

金　成課長、余課長、いかがでしょうか。

成　発注量を20％増やしていただけるのですから、それは大変有り難い話ですが、単価がアップどころか50円安ではあまり効果は期待できません。

池田　この一週間、生産増加に伴う原価の動きについて十分に検討したんですが。

余　実質、100円アップと50円安では１５０円の開きがあります。

池田　こちらは生産量20％の増加で十分に可能と見たんですが。

金　それは単価の値引きなしということでしたら。

池田　わかりました。それじゃ、単価は従来どおり2500円でいかがなものでしょう。

金　経理課長、どうですか。

余　従来どおりの単価で生産量20％増しであれば、十分とはいえないまでも何とかなるでしょう。

池田　弊社も50円値引きは必要なんですが、まあ、今回はそちらの企業努力に期待するということで合意することにしましょう。

김	성 과장님, 여 과장님, 어떠십니까?
성	발주량을 20% 늘려 주신다고 하시니까 그건 대단히 고마운 이야기입니다만, 단가가 인상은커녕 50엔 싸진다고 하면 그다지 효과는 기대할 수 없습니다.
이케다	요 일주일간, 생산 증가에 따른 원가 동향에 대해 충분히 검토했습니다만.
여	실질적으로 100엔 인상과 50엔 인하에는 150엔의 차이가 있습니다.
이케다	저희는 생산량 20% 증가로 충분히 가능하다고 봤습니다만.
김	그건 단가 이하가 없다고 하면 그럴 수 있습니다.
이케다	알겠습니다. 그럼, 단가는 종래와 같이 2,500엔으로 하면 어떠십니까?
김	경리과장님, 어떠세요?
여	종래와 같은 단가로 생산량을 20% 늘린다고 하면, 충분하다고는 못해도 어떻게든 되겠지요.
이케다	저희 회사도 50엔 가격 인하는 필요합니다만, 뭐, 이번에는 그쪽의 기업 노력에 기대해 보는 것으로 해서 합의하도록 합시다.

単語

妥協 타협 ｜ 有り難い 고맙다 ｜ 〜どころか 〜은커녕 ｜ 安 (값이) 쌈 ｜ 効果 효과 ｜ 増加 증가

伴う 동반하다, 수반하다 ｜ 動き 움직임 ｜ 実質 실질 ｜ 開き 벌어짐, 차이 ｜ 値引き 가격 할인 ｜ 〜なし 〜없음

従来 종래 ｜ 〜とはいえないまでも 〜라고 하지는 못하지만 ｜ 何とかなる 어떻게든 되다 ｜ 企業努力 기업 노력

合意する 합의하다

1 有り難い話　고마운 이야기

형용사「有り難い」는 '좀처럼 없다'라는 뜻에서 '좀처럼 없기 때문에 귀중하다, 존중하지 않으면 안 된다'라는 의미를 갖게 되었는데, 지금은 이것이 바뀌어서 '누군가에게 받은 호의, 이익에 대해 기쁘게 생각하다'라는 뜻으로 쓰이고 있다.

예　親の心ほど有り難いものはない。　부모의 마음만큼 고마운 것은 없다.
　　遠慮せずに有り難くいただきます。　사양 않고 감사히 받겠습니다.

2 アップどころか　인상은커녕

「〜どころか」는 '〜하기는커녕'이라는 뜻으로 어떤 예상이나 기대를 완전히 부정하고 사실은 그 정반대라고 말하고 싶을 때 사용한다. 명사를 수식하는 형태에 연결되는데 명사 뒤에 직접 연결되기도 한다.

예　彼は反省するどころか逆ギレしていた。　그는 반성하기는커녕 적반하장으로 화를 냈다.

3 生産増加に伴う　생산 증가에 따른

「〜に伴う」는 '따르다, 수반하다'의 의미로「〜につれて」와 같은 뜻이다.

예　経済不況に伴う失業者の増加。　경제 불황에 따른 실업자의 증가.
　　噴火に伴って付近の住民は避難した。　분화에 따라 부근의 주민들은 피난했다.

単語

遠慮する 사양하다 ｜ **反省する** 반성하다 ｜ **逆ギレ** 잘못한 쪽이 화를 냄, 적반하장 ｜ **経済** 경제 ｜ **失業者** 실업자
噴火 분화 ｜ **付近** 부근 ｜ **住民** 주민 ｜ **避難する** 피난하다

4 開きがあります　　차이가 있습니다

「開き」는 동사 「開く」의 명사형이다. 동사의 명사화에는 다음과 같은 것이 있다.

① 동사 ます형

예　遊び 놀이　　　話 이야기　　　思い 생각　　　休み 휴식

② 동사 ます형 + もの / 方

예　飲み物 음료　　　食べ物 음식　　　売りもの 팔 것　　　教え方 가르치는 방법

③ 동사 ます형 + 동사 ます형

예　話し合い 의논　　　読み書き 읽고 쓰기　　思い出 추억
　　売り買い 매매　　　食べ過ぎ 과식　　　寝起き 잠에서 깨어남
　　着替え 옷을 갈아입음　　付き合い 사귐, 교제

5 十分とはいえないまでも　　충분하다고는 못해도

「～ないまでも」는 '～라고 하지는 못하지만'이라는 뜻으로 어떤 정도까지는 도달하지 못하지만 그 밑의 수준에는 도달한다고 말할 때 사용한다.

예　100点とはいえ**ないまでも**、一応満足できる結果だった。
　　100점이라고는 말하지 못하지만 일단 만족할 수 있는 결과였다.

6 何とかなるでしょう　　어떻게든 되겠지요

「何とか」는 '어떻게든, 여러모로'의 의미로 「何とかする」, 「何とかなる」의 형태로 사용한다.

예　その問題は今、役所に行けば、**何とか**してくれるよ。
　　그 문제는 지금 관청에 가면 어떻게든 해 줄 거야.
　　50万円、**何とか**都合がつかないかな。　50만 엔, 어떻게 변통이 안 될까?

単語

一応 일단 ｜ 問題 문제 ｜ 役所 관청 ｜ 都合がつく 변통이 되다

◎ 주어진 어구를 이용해 다음 문형을 연습해 봅시다.

1　～どころか　～하기는커녕

例　早く着く / ３０分も遅刻した

➡　早く着くどころか、３０分も遅刻しました。

① 難しい / おもしろくて時間があっという間に過ぎた

➡ ____

② 育児を手伝う / 子供の遊び相手にもなってくれない

➡ ____

③ 真面目だ / ギャンブルに明け暮れている

➡ ____

④ 昇進 / 降格を命じられた　➡ ___________________________________

2　～ないまでも　～하지는 못하지만

例　十分とは言う　➡　十分とは言わないまでも

① 半額にまで下げる　➡ ___________________________________

② 家まで送ってくれる　➡ ___________________________________

③ 掃除や洗濯をする　➡ ___________________________________

④ 顧客を定期的に訪問する　➡ ___________________________________

単語

あっという間に 눈 깜짝할 사이에 ｜ 過ぎる 지나다 ｜ 育児 육아 ｜ 手伝う 돕다, 거들다 ｜ 遊び相手 놀이 상대
ギャンブル 갬블, 도박 ｜ 明け暮れる 날이 새고 해가 지다, 몰두하다 ｜ 降格 격하 ｜ 命じる 명하다 ｜ 半額 반값
定期的 정기적 ｜

3　〜について十分に検討したんですが

〜에 대해서 충분히 검토했습니다만

> **예** 生産増加に伴う原価の動き
>
> ➡ 生産増加に伴う原価の動き**について十分に検討したんですが**。

① 先日の見積もり　➡ ＿＿＿＿＿＿＿＿＿＿＿＿＿＿＿＿＿＿＿＿

② 施設の改造　➡ ＿＿＿＿＿＿＿＿＿＿＿＿＿＿＿＿＿＿＿＿

③ 組み立て作業の自動化　➡ ＿＿＿＿＿＿＿＿＿＿＿＿＿＿＿

④ 取り付け部品　➡ ＿＿＿＿＿＿＿＿＿＿＿＿＿＿＿＿＿＿＿

4　〜ということで〜ことにしましょう　〜하는 것으로 〜하기로 합시다

> **예** 企業努力に期待する / 合意する
>
> ➡ 企業努力に期待する**ということで**合意する**ことにしましょう**。

① 保証期間を３年に延す / 契約する　➡ ＿＿＿＿＿＿＿＿＿＿＿

② 早急に連絡を取る / 見送る　➡ ＿＿＿＿＿＿＿＿＿＿＿＿＿

③ ついに社長が乗り出す / 引き下がる　➡ ＿＿＿＿＿＿＿＿＿

単語

施設 시설 ｜ **改造** 개조 ｜ **組み立て** 조립 ｜ **自動化** 자동화 ｜ **ついに** 마침내 ｜ **乗り出す** 뛰어들다, 착수하다
引き下がる 물러가다 ｜ **素直だ** 솔직하다 ｜ **謝る** 사과하다 ｜ **大目に見る** 봐주다, 눈감아 주다

会話練習

Track41

1 例 ⓐ 発注量を20％　　ⓑ 単価が50円安

A ⓐ 発注量を20％増やしていただけるのですから、それは大変有り難い話ですが、その分 ⓑ 単価が50円安ではあまり効果は期待できません。

B こちらは ⓐ 20％の増加で十分に可能と見たんですが。

① ⓐ 発注量を2．5割　　ⓑ 割増分は保証期間なし

② ⓐ パートを1割　　ⓑ 残業時間延長

③ ⓐ 工作機械を3台　　ⓑ 送料負担

④ ⓐ ロボットを5台　　ⓑ 人員削減

単語

パート 파트타임, 파트타이머〈パートタイム, パートタイマー의 준말〉｜ **延長** 연장 ｜ **工作** 공작
〜台 〜대〈차나 기계를 세는 조수사〉｜ **送料** 송료, 배송료 ｜ **負担** 부담 ｜ **人員** 인원 ｜ **削減** 삭감, 감축

2 예 ⓐ 単価は従来どおり2500円で ⓑ 十分とはいえる ⓒ 何とかなる

A ⓐ 単価は従来どおり2500円でいかがなものでしょう。

B ⓑ 十分とはいえ**ないまでも** ⓒ 何とかなるでしょう。

① ⓐ 彼の作品は ⓑ 名作とはいく ⓒ 佳作とはいえる

② ⓐ この契約の条件は ⓑ おいしい条件とはいえる ⓒ まずまず

③ ⓐ 彼の働きぶりは ⓑ 100点とはいく

　 ⓒ 及第点はつけられる

④ ⓐ この会社 ⓑ パートナーにしたいとはいえる

　 ⓒ 悪い会社ではない

単語

名作 명작 ｜ **佳作** 가작 ｜ **おいしい** 이익이 되다, 바람직하다 ｜ **まずまず** 그럭저럭 ｜ **働きぶり** 일하는 모습
及第点 급제점, 합격점 ｜ **パートナー** 파트너

契約
계약

김대성과 이케다, 야마다가 이야기하고 있습니다.

池田　部長、従来どおりの単価、発注量20％で合意いたしました。

山田　それはよかったです。金課長、これからもよろしくお願いします。

金　この度、再度ご契約賜りまして、厚くお礼申し上げます。

池田　我が社も貴社の製品には絶大なる信頼をおいております。できるならば値上げしてさしあげたかったのですが、このような不景気ですので、いろいろ気苦労をおかけいたしました。

金　この製品は、当社が10年来研究してまいりました自信作です。おめがねにかない、社員、研究所員一同、大変喜んでおります。

池田　これからもいい製品を作ってください。

金　それから、アフターケア、その他、万全の配慮をいたしますが、お気づきの点はなんなりとお申しつけください。

池田　わかりました。

金　後日、営業部長と担当係がごあいさつに上がります。

이케다　부장님, 종래와 같은 단가에 발주량 20%로 합의했습니다.

야마다　그거 다행이군요. 김 과장님, 앞으로도 잘 부탁합니다.

김　　　이번에 다시 한 번 계약을 해 주셔서 매우 감사 드립니다.

야마다　우리 회사도 귀사의 제품은 대단히 신뢰하고 있습니다. 가능하면 가격을 올려 드리고
　　　싶었습니다만, 요즘 너무 불경기라 여러 가지로 걱정을 끼쳐 드렸습니다.

김　　　이 제품은 저희 회사가 10년 이상 연구해 온 자신 있는 상품입니다. 마음에 들어하셔
　　　서, 사원, 연구소원 일동, 모두 대단히 기뻐하고 있습니다.

이케다　앞으로도 좋은 제품을 만들어 주십시오.

김　　　그리고 애프터 케어 외에도 만전의 준비를 하겠습니다만, 문제가 생기면 무엇이든지
　　　말씀해 주십시오.

이케다　알겠습니다.

김　　　나중에 영업부장과 담당자가 인사 드리러 가겠습니다.

単語

この度 이번에 ｜ **再度** 재차, 다시 ｜ **賜る** 받다 ｜ **絶大なる** 아주 큰 ｜ **信頼をおく** 신뢰를 두다

気苦労をかける 걱정을 끼치다 ｜ **～来** ～이래, ～이후 ｜ **研究する** 연구하다 ｜ **自信作** 자신작

おめがねにかなう 좋다고 인정되다 ｜ **研究所員** 연구소원 ｜ **一同** 일동 ｜ **アフターケア** 애프터 케어 ｜ **万全** 만전

配慮 배려 ｜ **お気づき** 알아차림 ｜ **なんなり** 무엇이든 ｜ **後日** 후일 ｜ **担当係** 담당자

1 再度ご契約賜りまして　다시 한 번 계약을 해 주셔서

「賜る」는 '(고귀한 사람, 윗사람으로부터 무언가를) 받다'의 뜻이다.

예　これらは大統領から賜った恩賞の品々です。
이것들은 대통령으로부터 받은 포상품입니다.

2 絶大なる信頼　큰 신뢰

「～なる」는 '～한'이라는 뜻으로 な형용사가 명사를 수식할 때의 예스러운 형태다.

예　遙かなる故郷。아득한 고향.

3 気苦労をおかけいたしました　걱정을 끼쳐 드렸습니다

「気苦労」는 '근심, 마음 고생, 걱정' 등의 의미로,「気苦労をかける(걱정을 끼치다)」,「気苦労がたえない(걱정이 끊이지 않다)」,「気苦労が多い(근심이 많다)」의 형태로 많이 사용한다.

예　うちの母はいつも気苦労がたえない。우리 엄마는 항상 걱정이 끊이지 않는다.
　　役職が上がるとなんだかんだと気苦労が多くなる。
직책이 올라가면 이것저것 근심이 많아진다.

単語

～ら　～들〈여럿, 복수를 나타냄〉｜ 大統領 대통령｜ 恩賞 은상｜ 品々 여러 물품｜ 遙かなる 먼｜ 故郷 고향
たえる 끊어지다｜ 役職 직책｜ なんだかんだ 이것저것, 이러니저러니

4 10年来 じゅうねんらい 10년 이상

「～来」는 '~이래, ~이후'의 의미이다.

예 数日来、まったくお腹に物を入れていない。 며칠 동안 전혀 먹지 않았다.
彼は昨夜来、うちに帰っていない。 그는 어젯밤 이후 집에 돌아오지 않았다.

5 おめがねにかない 마음에 들어하셔서

「めがねにかなう(眼鏡に適う)」는 '(높은 사람의) 눈에 들다, 마음에 들다'의 뜻이다.

예 彼は一所懸命働いたので社長のめがねにかない部長に昇進した。
그는 열심히 일했기 때문에 사장님의 눈에 들어 부장으로 승진했다.
彼は師匠の眼鏡にかない後継ぎとなった。 그는 스승의 마음에 들어 후계자가 되었다.

6 万全の配慮をいたしますが 만전의 준비를 하겠습니다만

「万全」은 어떤 일의 준비나 절차에 한치의 오차도 없는 것, 조금의 실수도 없는 것을 말한다. 「万全の措置(만전의 조치)」, 「万全を期する(만전을 기하다)」의 형태로 자주 쓰인다.

예 これだけ準備したら台風が来てももう万全だ。 이 정도 준비했으면 태풍이 와도 이제 걱정이 없다.
精密機械の運搬には万全を期したつもりだが、問題を起こしてしまった。
정밀 기계의 운반에는 만전을 기했지만, 문제를 일으키고 말았다.

単語

数日 수일, 며칠 ｜ 昨夜 어젯밤 ｜ 師匠 스승 ｜ 後継ぎ 후계자 ｜ これだけ 이만큼, 이 정도 ｜ 台風 태풍 ｜ 精密 정밀
運搬 운반 ｜ 期する 기하다 ｜ 起こす 일으키다

⚙ 주어진 어구를 이용해 다음 문형을 연습해 봅시다.

1 ～まして、厚くお礼申し上げます

다시 한번 계약을 해 주셔서 매우 감사 드립니다

例 再度ご契約賜る ➡ 再度ご契約賜りまして、厚くお礼申し上げます。

① ご融資してくださる ➡ _________________________

② ご紹介してくださる ➡ _________________________

③ 工場をご案内してくださる ➡ _________________________

④ 我が社の製品をご購入してくださる ➡ _________________________

2 ～なる ～한

例 絶大 / 信頼 ➡ 絶大なる信頼

① 大い / 野望 ➡ _________________________

② 静か / 闘志 ➡ _________________________

③ 多大 / 迷惑 ➡ _________________________

④ 親愛 / 田中くん ➡ _________________________

単語

融資 융자 ┃ **野望** 야망 ┃ **闘志** 투지 ┃ **多大** 다대함 ┃ **親愛** 친애

3 できるならば〜てさしあげたかったのですが

가능하다면 ~해 드리고 싶었습니다만

> **예** 値上げする ➡ できるならば値上げしてさしあげたかったのですが。

① 値下げする ➡ _______________________________

② 譲る ➡ _______________________________

③ 廻す ➡ _______________________________

④ 融通する ➡ _______________________________

4 お/ご〜に上がる　〜러 찾아뵙다

> **예** 挨拶 ➡ ご挨拶に上がります。

① 届ける ➡ _______________________________

② 迎える ➡ _______________________________

③ 詫びる ➡ _______________________________

④ 確認 ➡ _______________________________

単語

融通する 융통하다 ┃ **迎える** 맞이하다 ┃ **詫びる** 사죄하다

🔧 밑줄 친 부분을 주어진 ①~④의 표현으로 바꾸어 연습해 봅시다.

💿 *Track44*

1

예

ⓐ 従来どおりの単価、発注量20％　　ⓑ 金課長

A　部長、ⓐ <u>従来どおりの単価、発注量20％</u>で合意いたしました。

B　それはよかったです。ⓑ <u>金課長</u>、これからもよろしくお願いします。

① ⓐ 毎月200個　　　　　　　　　　　ⓑ 新井課長

② ⓐ 一個当り０．６％値引き　　　　　ⓑ 大山課長

③ ⓐ 10台までは４．５％、それ以上は５％　　ⓑ 山本課長

④ ⓐ 追加５％安　　　　　　　　　　　ⓑ 清水課長

毎月 매달

2 예 ⓐ 再度ご契約　　ⓑ 気苦労

A この度、ⓐ<u>再度ご契約</u>賜りまして、厚くお礼申し上げます。

B いろいろ ⓑ<u>気苦労</u>をおかけいたしました。

① ⓐ お買い上げ　　　ⓑ お手数

② ⓐ ご用命　　　　　ⓑ ご面倒

③ ⓐ ご足労　　　　　ⓑ ご迷惑

④ ⓐ ご尽力　　　　　ⓑ ご心配

単語

お買い上げ 사심 〈손님이 사는 것을 파는 쪽에서 높여 이름〉 ｜ **手数** 귀찮음, 수고 ｜ **用命** 분부, 하명 ｜ **面倒** 귀찮음, 돌봄
ご足労 일부러 와 주심 ｜ **尽力** 진력, 힘씀

실전 교섭의 6단계

- **1단계 - 분위기 조성**

  교섭의 시작은 상대를 잘 아는 것에서 시작한다. 최초의 목표는 교섭 장소의 분위기를 우호적이면서도 비즈니스 상황에 어울리는 것으로 만드는 것이다.

- **2단계 - 신뢰 관계 형성**

  상대방과 교섭의 목적과 최종 목표에 대해 합의하는 것이 중요하다. 또한 동시에 상대방의 목적과 최종 목표를 잘 파악하여 맞지 않는 부분이 있다면 조정한다. 이 단계에서는 어쨌든 협조와 상호 신뢰 관계를 만들어내야 한다.

- **3단계 - 교섭 완성을 위한 전략 연구**

  교섭 상담의 개시이다. 여기서는 서로 이야기하여 결정해야 할 조건을 구체적으로 제시합니다. 그렇게 하기 위해서는 교섭 완성을 위한 전략을 큰 주제에서부터 시작할 것인지, 작은 합의로부터 시작할 것인지 등 사전에 연구가 필요하다.

- **4단계 - 차분하게 상담한다**

  상담해야 할 포인트, 해결해야 할 문제가 확실해지면 서로 합의할 수 있는 점과 합의가 불가능한 점을 명확하게 한다. 그리고 합의할 수 없는 점에 대해서는 차분히 서로 이야기를 나눈다.

- **5단계 - Give and Take**

  교섭을 성공시키는 요령은 서로가 다시 한 번 자신의 주장을 뒤돌아보고 어떤 점에서 얼마만큼의 양보가 가능한지를 가늠해 보는 것이다. 이 단계에서는 항상 기브 앤드 테이크의 정신을 잊어서는 안 된다.

- **6단계 - 합의 내용 확인**

  마지막 단계는 최종적으로 도달한 내용을 구체적인 형태로 반드시 서로 확인하는 것이 중요하다. 가능한 한 서면의 형태로 합의사항을 남겨, 상대방과 같은 합의 내용을 복사해서 갖고 있어야 한다. 쌍방이 만족하는 합의야말로 교섭의 최종 목표이다.

第**3**章

トラブル対処

トラブル対処

欠陥商品
불량 상품

김대성과 이케다가 불량 상품에 대해 이야기하고 있습니다.

金 先日弊社より納品いたしました製品に不良品が混入しておりまして、貴社に大変ご迷惑をおかけいたしました。

池田 ご丁寧にわざわざ出向いてくださらなくてもよかったのですが。

金 とんでもありません。誠に申し訳ありませんでした。心からお詫び申し上げます。

池田 まあ、大事にいたらなくて幸いでした。ところで原因はわかりましたか。

金 早速、原因を調査いたしましたところ、あるまじきことではありますが、包装の過程で問題が生じたことが判明いたしました。

池田 とおっしゃいますと。

金 製造の過程で欠陥商品は検出されて、別に保管されるのですが、それが一部混ざってしまったようです。

池田 そうですか。それにしても今回は数にすると微々たるものでしたので、助かりました。

金 今後は二度とこのような不祥事を引き起こすことのないよう、品質管理には十分注意いたします。

김　　　지난번에 저희 회사에서 납품한 제품에 불량품이 섞여 있어 귀사에 대단한 폐를 끼쳤습니다.

이케다　친절히 일부러 오지 않으셔도 되는데요.

김　　　당치도 않습니다. 정말로 죄송합니다. 진심으로 사죄의 말씀 올립니다.

이케다　음, 큰일이 되지 않아서 다행이었습니다. 그런데 원인은 파악했습니까?

김　　　서둘러 원인을 조사해 보니, 있어서는 안 되는 일입니다만, 포장 과정에서 문제가 생긴 것으로 판명되었습니다.

이케다　좀 더 자세하게 말씀하시면요?

김　　　제조 과정에서 불량 상품은 검출되어 따로 보관됩니다만, 그것이 일부 섞여 버린 것 같습니다.

이케다　그렇군요. 그렇다 해도 이번에는 몇 개 안 돼서 다행이었습니다.

김　　　앞으로는 두 번 다시 이런 불상사를 일으키지 않도록 품질 관리에 충분히 주의하겠습니다.

単語

欠陥（けっかん） 결함 ｜ 混入（こんにゅう）する 혼입되다 ｜ 出向（でむ）く (목적 장소로) 나가다 ｜ 心（こころ）から 진심으로 ｜ 大事（だいじ）にいたる 심각한 사태에 이르다

幸（さいわ）いだ 다행이다 ｜ 原因（げんいん） 원인 ｜ 調査（ちょうさ）する 조사하다 ｜ あるまじき 있을 수 없는, 그래서는 안 될 ｜ 過程（かてい） 과정

生（しょう）じる 발생하다 ｜ 判明（はんめい）する 판명되다 ｜ 製造（せいぞう） 제조 ｜ 検出（けんしゅつ）する 검출하다 ｜ 別（べつ）に 별로, 따로 ｜ 保管（ほかん）する 보관하다

一部（いちぶ） 일부 ｜ 混（ま）ざる 섞이다 ｜ それにしても 그렇다 치더라도 ｜ 微々（びび）たる 미미한 ｜ 不祥事（ふしょうじ） 불상사

引（ひ）き起（お）こす 일으키다, 야기하다 ｜ 管理（かんり） 관리 ｜ 注意（ちゅうい）する 주의를 주다

1 大事にいたらなくて　　큰일이 되지 않아서

「大事」에는 な형용사와 명사의 용법이 있다. な형용사일 때는 '중요한, 귀중한'의 뜻이고, 명사일 때는 '중요한 일, 큰 문제'라는 의미이다. 여기서는 명사로 사용되었다.

예　お体大事にしてください。　건강에 주의하십시오.

　　彼はついに大事を引き起こした。　그는 기어코 큰 문제를 일으켰다.

2 あるまじきこと　　있어서는 안 되는 일

「〜まじき」는 '〜해서는 안 되는'이라는 뜻으로 어떤 입장이나 직업에 있는 사람이 해서는 안 되는 행위를 했다고 비난할 때 사용한다. 단, 현대어에서는 「あるまじき」, 「許すまじき」 정도로만 사용한다.

예　アルバイトに明け暮れるなんて、留学生にあるまじき行為です。
　　아르바이트에만 몰두하다니 유학생에게 있어서는 안 되는 행위입니다.

3 とおっしゃいますと　　좀 더 자세하게 말씀하시면요?

「とおっしゃいますと」는 바로 앞에서 한 말을 받아서 '좀 더 자세하게 말씀하시면, 좀 더 구체적으로 말씀하시면'이라는 뜻으로 사용한다.

예　A: 彼はあまり信用できません。　그는 그다지 신용할 수 없습니다.

　　B: とおっしゃいますと。　좀 더 자세하게 말씀하시면요?

　　A: 詐欺の前科があるんです。　사기 전과가 있습니다.

単語

行為 행위 ｜ 信用する 신용하다 ｜ 詐欺 사기 ｜ 前科 전과

4 微々たるもの　　미미한 것

「～たる」는 '~한'이라는 뜻으로 な형용사 중 일부가 명사를 수식할 때 사용하는 형태다. 이러한 な형용사에 해당되는 것은 「○然」와 같은 한자 두 글자의 숙어 혹은 「微々たる」와 같이 한자를 반복하는 숙어가 많다. 「～たる」 외에도 「～とした」라는 형태도 쓰인다.

예 堂々たる態度 / 堂々とした態度　당당한 태도
　　漠然たる不安 / 漠然とした不安　막연한 불안감
　　釈然としない　석연치 않다

5 助かりました　　다행이었습니다

「助かる」에는 다음의 두 가지 의미가 있으며 여기서는 두 번째의 의미로 쓰였다.

① (위험, 죽음 등에서) 벗어나다, 살다

예 海で溺れそうになりましたが、運よく助かりました。
バダに 빠질 뻔했습니다만, 운 좋게 살아났습니다.

　　あれだけの大地震でも家は助かりました。 그 정도의 대지진에도 집은 괜찮았습니다.

② (노력, 비용 등이 감소되어) 잘되다, 도움이 되다

예 物価が下がったので助かりました。 물가가 내려서 잘되었습니다.
　　怪我人もなく無事に終わったので助かりました。 부상자도 없이 무사히 끝나서 다행이었습니다.

6 不祥事を引き起こすことのないよう　　불상사를 일으키지 않도록

「～ことがないよう」, 「～ことのないよう」는 '~하는 것이 없도록'의 의미이다. 「不祥事」는 좋지 않은 일이니 사건을 밀한다.

예 体調を崩すことのないよう、ご自愛ください。
몸 컨디션을 해치지 않도록 조심하세요.

単語

堂々 당당 ｜ 態度 태도 ｜ 漠然 막연 ｜ 不安 불안 ｜ 釈然 석연 ｜ 溺れる 물에 빠지다 ｜ 運 운 ｜ 大地震 대지진
物価 물가 ｜ 怪我人 부상자 ｜ 無事だ 무사하다 ｜ 体調 몸 컨디션 ｜ 崩す 무너뜨리다 ｜ 自愛 몸조심함

文型練習

1　～なくてもよかった　～하지 않아도 됐다

예　出向（でむ）いてくださる　➡　出向（でむ）いてくださらなくてもよかった。

① こんなに大（おお）きい　➡　_______________________________

② 部屋（へや）はきれいだ　➡　_______________________________

③ 見積（みつ）もりを出（だ）す　➡　_______________________________

④ 消費税（しょうひぜい）を払（はら）う　➡　_______________________________

2　～なくて幸（さいわ）いでした　～하지 않아 다행이었습니다

예　大事（だいじ）にいたる　➡　大事（だいじ）にいたらなくて幸（さいわ）いでした。

① 時間（じかん）に遅（おく）れる　➡　_______________________________

② 会議（かいぎ）が延（の）びる　➡　_______________________________

③ 頭（あたま）を打（う）つ　➡　_______________________________

④ 怪我（けが）がひどい　➡　_______________________________

単語

消費税（しょうひぜい） 소비세 ｜ 延（の）びる 길어지다 ｜ 頭（あたま）を打（う）つ 머리를 부딪치다 ｜ 怪我（けが） 부상

3 〜たところ 〜해 보니, 〜했더니

예 調査いたす ➡ 調査いたしましたところ

① あちらに出向く ➡ _______________________

② ご挨拶に上がる ➡ _______________________

③ 出荷量を増やす ➡ _______________________

④ 単価を下げる ➡ _______________________

4 〜ことのないよう 〜하지 않도록

예 このような不祥事を引き起こす
➡ このような不祥事を引き起こすことのないよう

① このような事態を引き起こす ➡ _______________________

② 二度と遅れる ➡ _______________________

③ 二度と人のものを盗む ➡ _______________________

④ 二度とご迷惑をおかけする ➡ _______________________

単語

出荷量 출하량 | **事態** 사태 | **盗む** 훔치다

◎ 밑줄 친 부분을 주어진 ①~④의 표현으로 바꾸어 연습해 봅시다.

Track47

1

예
ⓐ 先日弊社より納品いたしました製品に不良品が混入する

ⓑ 丁寧にわざわざ出向いてくださる

A ⓐ <u>先日弊社より納品いたしました製品に不良品が混入し</u>ておりまして、貴社に大変ご迷惑をおかけいたしました。

B ⓑ <u>丁寧にわざわざ出向いてくださら</u>なくてもよかったのですが。

① ⓐ 接待の席で弊社の社員が羽目をはずす

ⓑ 別に気にする

② ⓐ 弊社より顧客情報が流出する　ⓑ 違約金までいただく

③ ⓐ 運送中に物品を破損する　ⓑ 部長直々にお越しいただく

④ ⓐ 弊社から逮捕者が出る　ⓑ そんな、土下座までしていただく

接待 접대 ｜ **羽目をはずす** (흥겨워서) 도를 지나치다 ｜ **流出する** 유출되다 ｜ **運送** 운송 ｜ **物品** 물품
破損する 파손하다 ｜ **直々に** 직접 ｜ **逮捕者** 체포자 ｜ **土下座** (사죄하기 위해) 무릎을 꿇음

2 예 ⓐ包装の過程で

A ところで原因はわかりましたか。

B 早速、原因を調査いたしましたところ、ⓐ<u>包装の過程で</u>問題が生じたことが判明いたしました。

① ⓐ縫製する時に

② ⓐコンピューターの誤作動で

③ ⓐ塗装の過程で

④ ⓐ鋳型を作る時に

単語

縫製する 봉제하다 | **誤作動** 오작동 | **塗装** 도장 | **鋳型** 주형, 거푸집

品違い
상품이 바뀜

오카무라와 나카타가 잘못 납품된 상품에 대해 이야기하고 있습니다.

岡村　今日お呼び立てしたのは、この前、納品した社外用の記念品の件なんですが。

中田　なにかご迷惑でもおかけしましたでしょうか。

岡村　それがですね。昨日、着荷したのですが、早速検品いたしましたところ、驚いたことに注文の品とは異なるものが送付されてきたようです。

中田　左様でございますか。こちらとしましても十分注意を払ってお出ししたはずなんですが、さっそく対処いたします。

岡村　納品伝票を調べましたが、品名に間違いはないようなんですが。

中田　納品伝票をちょっと拝見してもよろしいでしょうか。

岡村　どうぞ。

中田　納品伝票には間違いはございません。

岡村　どうも貴社の出荷の際の手違いではないかと思うんですが。

中田　このようなあり得ないミスをいたしまして、誠に申し訳ございません。社に戻りまして、早速、商品番号を調査いたしまして、至急ご送付いたしますので。

岡村　そうしていただけますか。

中田　いろいろとご迷惑をおかけいたしました。

오카무라　오늘 부른 것은 지난번에 납품한 사외용 기념품 건 때문입니다만.

나카타　무언가 잘못된 것이라도 있었습니까?

오카무라　그게 말입니다. 어제 물건이 도착했는데요, 서둘러 검품을 해보니 놀랍게도 주문한
　　　　　물건과 다른 것이 온 것 같습니다.

나카타　그렇습니까? 저희 쪽에서도 충분히 주의를 기울여 보냈을 텐데요, 즉시 대처하겠습
　　　　　니다.

오카무라　납품 전표를 조사해 보았습니다만, 품명에 이상은 없는 것 같습니다만.

나카타　납품 전표를 잠깐 봐도 괜찮을까요?

오카무라　여기요.

나카타　납품 전표에는 이상이 없습니다.

오카무라　아무래도 귀사에서 출하할 때 생긴 착오가 아닐까 생각합니다만.

나카타　이런 있을 수 없는 실수를 해서 진심으로 죄송합니다. 회사에 돌아가, 즉시 상품 번호
　　　　　를 조사해서 조속히 우송하겠습니다.

오카무라　그렇게 해 주시겠습니까?

나카타　여러 가지로 폐를 끼쳤습니다.

単語

品 물건 ｜ 違い 다름, 틀림 ｜ 呼び立てる 일부러 불러내다 ｜ 社外用 사외용 ｜ 記念品 기념품

着荷する 물건이 도착하다 ｜ 検品 검품 ｜ 驚いたことに 놀랍게도 ｜ 異なる 다르다 ｜ 送付 송부

左様でございますか 그렇습니까? ｜ 注意を払う 주의를 하다 ｜ 対処 대처 ｜ 伝票 전표 ｜ 品名 품명

間違い 잘못, 이상 ｜ ～際 ～할 때 ｜ 手違い 착오, 어긋남 ｜ あり得ない 있을 수 없다 ｜ 至急 매우 급함

1 驚いたことに　놀랍게도

「〜ことに」는 '〜한 것은, ~하게도'라는 뜻으로 어떤 사항에 대해서 화자가 어떻게 생각했는지 미리 이야기함으로써 그 느낌을 강조하는 표현이다. 「〜ことに」 앞에는 화자의 감정을 나타내는 말이 명사를 수식하는 형태로 들어간다. 동사의 경우 た형이 온다.

예 残念な**ことに**、今年から研修旅行が廃止されるそうだ。
아쉽게도 올해부터 연수 여행이 폐지된다고 한다.

2 左様でございますか　그렇습니까?

「左様」는 앞에서 이야기한 것을 받아서 말할 때 사용하는 것으로 '그러함, 그대로'의 의미이다.

예 私は**左様**なことを一度も言った覚えはありません。
나는 그러한 것을 한 번도 말한 기억이 없습니다.

3 お出ししたはずなんですが　보냈을 텐데요

형식명사 「はず」에는 다음 세 가지의 의미가 있다.

① 당연한 것을 나타냄: ~할 터, ~할 것

예 山田さんは知っている**はず**なのに知らないふりをしている。
야마다 씨는 알고 있으면서도 모르는 척하고 있다.

② 예정을 나타냄: 예정, 작정

예 妹は7時に来る**はず**です。　여동생은 7시에 올 예정입니다.

③ 이유를 나타냄: ~할 리

예 彼がそんなことで怒る**はず**がない。　그가 그런 일로 화를 낼 리가 없다.

そんなことを子供に言ってもわかる**はず**がない。
그런 것을 아이에게 말해도 알 리가 없다.

単語

研修 연수 ┃ 廃止する 폐지하다 ┃ 覚え 기억 ┃ 〜ふりをする ~척을 하다 ┃ 怒る 화를 내다

4 拝見してもよろしいでしょうか _{봐도 괜찮을까요?}

「よろしい」는 「よい」의 정중한 표현으로, 동의나 허가를 나타낼 때 사용한다. 「〜てもいい (〜해도 좋다)」와 비슷한 표현으로 「〜てもかまわない」가 있다.

예 パンとご飯とどちらがよろしいですか。
빵과 밥 중 어떤 것이 좋습니까?

5 手違いではないかと思うんですが _{착오가 아닐까 생각합니다만}

「〜ではないかと思う」는 '〜(가) 아닐까 생각하다'라는 뜻이다. 「手違い」는 계획이나 예정 등이 상황이 좋지 않아 잘 되지 않았을 경우에 사용하며 의미는 '착오, 잘못'이다.

예 こちらの手違いで皆様にご迷惑をおかけいたしました。
이쪽의 착오로 여러분에게 폐를 끼쳤습니다.
小さな手違いが大きな失敗となる。 작은 잘못이 큰 실패가 된다.

6 あり得ないミス _{있을 수 없는 실수}

「〜得る」는 '〜할 수 있다'라는 뜻으로 '그러한 가능성이 있다, 그렇게 할 수 있다'고 말할 때 사용한다. 단순하게 능력적으로 가능하다는 의미로는 사용하지 않는다. 「得る」라고 표기할 때에 한해서 「うる」라고 읽을 수 있는데 그 외의 활용형인 경우에는 항상 「える」로 읽는다. 동사의 ます형에 연결된다.

예 これが私の知り得た全てです。 이것이 제가 알 수 있었던 전부입니다.

単語

失敗 실패

文型練習

1 ～ことに ～하게도

예	驚く　➡　驚いたことに

① 不思議だ　➡ _______________________________

② うれしい　➡ _______________________________

③ 困る　➡ _______________________________

④ 呆れる　➡ _______________________________

2 ～たはずなんですが ～했을 텐데요

예	十分注意を払ってお出しする　➡　十分注意を払ってお出ししたはずなんですが。

① 何度も確認をする　➡ _______________________________

② 細心の注意を払う　➡ _______________________________

③ 綿密な検査を行う　➡ _______________________________

④ 一通りの検査を行う　➡ _______________________________

単語

不思議だ 이상하다 ｜ 呆れる 질리다 ｜ 細心 세심 ｜ 綿密だ 면밀하다 ｜ 検査 검사 ｜ 一通り 대강

3 ～には～はございません ～에는 ~가 없습니다

> 예 納品伝票 / 間違い ➡ 納品伝票には間違いはございません。

① 報告書 / ミス ➡ _________________________

② 領収書 / うそ ➡ _________________________

③ 礼状 / 失礼 ➡ _________________________

④ 計画書 / 無理 ➡ _________________________

4 ～得ない ～할 수 없다

> 예 ある ➡ あり得ない。

① そんなばかなことある ➡ _________________________

② この仕事は一人ではなす ➡ _________________________

③ このタイプの事故は起こる ➡ _________________________

④ この工場では異物が混入する ➡ _________________________

単語

領収書 영수증 ｜ **うそ** 거짓말 ｜ **礼状** 감사 편지 ｜ **計画書** 계획서 ｜ **なす** 하다, 행하다 ｜ **タイプ** 타입 ｜ **事故** 사고
起こる 발생하다 ｜ **異物** 이물

会話練習

Track50

1

예
ⓐ 驚いた　　ⓑ 注文の品とは異なるものが送付されてきた

ⓒ 十分注意を払ってお出ししたはずだ

A　ⓐ驚いたことに　ⓑ注文の品とは異なるものが送付されてきたようです。

B　こちらとしましても　ⓒ十分注意を払ってお出ししたはずなんですが。

① ⓐ残念だ　　ⓑ田中課長は辞めてしまった　　ⓒ慰留した

② ⓐ腹立たしい　ⓑ商品に異物が入っていた

　ⓒ衛生面には気をつけている

③ ⓐ困る　　ⓑ貴社の吉田さんのセクハラがひどい

　ⓒ彼には十分注意した

④ ⓐ呆れる　　ⓑまだ荷物が届かない

　ⓒ先月お送りしたはずだ

単語

慰留する 달래어 머무르게 하다 ┃ **腹立たしい** 화가 나다 ┃ **衛生** 위생 ┃ **セクハラ** 성희롱

2 例 ⓐ 出荷　ⓑ 手違い　ⓒ 商品番号を調査いたす

A どうも貴社の ⓐ 出荷の際の ⓑ 手違いではないかと思うんですが。

B 申し訳ございません。社に戻りまして、早速、ⓒ 商品番号を調査いたしまして、至急ご送付いたしますので。

① ⓐ 出荷　ⓑ 不注意　ⓒ 伝票を確認いたす

② ⓐ 発送　ⓑ 確認ミス　ⓒ 新しいものを準備いたす

③ ⓐ 仕分け　ⓑ 間違い　ⓒ 代替品を揃える

④ ⓐ 仕上げ　ⓑ 誤作動　ⓒ 機械を調整いたす

単語

不注意 부주의 ｜ 発送 발송 ｜ 仕分け 분류 ｜ 代替品 대체품 ｜ 揃える 갖추다, 맞추다 ｜ 仕上げ 마무리, 완성

破損
파손

나카타와 오카무라가 상품 파손에 대해 이야기하고 있습니다.

中田 先日弊社より再度納入いたしました記念品が破損して到着し、貴社に大変御迷惑をおかけいたしました。なんとお詫びしたらよいか……。

岡村 こんなにミスだらけでは契約解除なんてことにもなりかねませんよ。今後はこのようなことのないように一層の御配慮をお願いします。

中田 誠に申し訳ありません。心からお詫び申し上げます。

岡村 お互いに嫌な思いはかないませんから。

中田 当社では、細心の注意を払って荷造りにあたっておりますが、今後は二度とこのような事態を引き起こすことのないように荷造り及び発送にはさらに注意をいたします。

岡村 特に割れ物には用心してください。

中田 それから、代替品を至急お送りいたしますので、改めて御査収ください。

岡村 至急お願いしますよ。

中田 なお、破損品につきましては、お手数をおかけして誠に恐縮ですが、料金着払いにてご返送くださいますか。

岡村 わかりました。

나카타　지난번에 저희 회사에서 재차 납입한 기념품이 파손되어 도착해, 귀사에 큰 폐를 끼쳤습니다. 무어라 사과의 말씀을 드려야 좋을지…….

오카무라　이렇게 실수투성이라면 계약 해제 같은 게 될 수도 있습니다. 다음부터는 이러한 일이 없도록 한층 더 배려해 주시기를 부탁합니다.

나카타　정말로 죄송합니다. 진심으로 사죄의 말씀 올립니다.

오카무라　서로 좋지 않은 기분을 갖는 것은 참을 수 없으니까요.

나카타　저희 회사에서는 세심한 주의를 기울여 포장하고 있습니다만, 앞으로는 두 번 다시 이와 같은 사태를 일으키지 않도록 포장 및 발송에는 더욱 주의를 하겠습니다.

오카무라　특히 깨지기 쉬운 물건은 조심해 주십시오.

나카타　그리고 대체품을 서둘러 보내 드릴 테니 다시 검수해 주십시오.

오카무라　빨리 부탁합니다.

나카타　또한 파손품에 대해서는, 번거롭게 해 드려서 정말로 죄송합니다만, 착불 요금으로 반송해 주시겠습니까?

오카무라　알겠습니다.

単語

納入 납입 ｜ **〜だらけ** 〜투성이 ｜ **〜かねない** 〜할 수도 있다 ｜ **一層** 한층 더 ｜ **かなわない** 견딜 수 없다

荷造り 짐 꾸리기, 포장 ｜ **及び** 및 ｜ **さらに** 더욱 ｜ **割れ物** 깨지는 것 ｜ **用心する** 조심하다 ｜ **改めて** 다시, 새삼

なお 또한 ｜ **着払い** 착불 ｜ **〜にて** 〜으로, 〜에서 ｜ **返送** 반송

1 ミスだらけ　　실수투성이

「～だらけ」는 '투성이'라는 뜻으로 좋지 않은 것이 많이 있는 모양을 나타낸다.

예　彼の腕は傷だらけだった。　그의 팔은 상처투성이였다.
　　誤字脱字だらけの報告書。　오자 탈자투성이인 보고서.

2 なりかねませんよ　　될 수도 있습니다

「～かねない」는 '～할 수도 있다'라는 뜻으로 좋지 않은 일이 일어날 가능성이 있다고 말할 때 사용한다. 13과에 나온 「～かねる」가 '～할 수 없다'를 나타내고, 그 부정형인 「～かねない」가 '～할 수 있다'라는 뜻이 된다는 점에 유의할 필요가 있다. 의미상으로는 9과에 나온 「～おそれがある」와 비슷하다.

예　こう毎日残業だと倒れかねない。　이렇게 매일 야근하면 쓰러질 수도 있다.
　　彼ならそんなことをやりかねない。　그 사람이라면 그런 짓을 할 수도 있다.

3 一層のご配慮　　한층 더 배려

「一層」는 '한층, 더욱더'라는 의미의 부사로 「いっそう」라고 히라가나로 쓰는 경우도 많다. 또한 「よりいっそう」처럼 「より」를 붙여서 강조하는 경우도 있다.

예　夜になるといっそう寒くなります。　밤이 되면 한층 추워집니다.
　　今後をよりいっそう努力してまいりたいと思います。　앞으로 더욱 노력하고 싶습니다.

単語

腕 팔 ｜ 傷 상처 ｜ 誤字 오자 ｜ 脱字 탈자

4　嫌な思いはかないませんから

좋지 않은 기분을 갖는 것은 참을 수 없으니까요

「かなわない」에는 다음의 두 가지 의미가 있으며 여기서는 두 번째 의미로 사용되었다.

① 당해내지 못하다, 지다

예　あのピッチャーがいる限り、あのチームにはかなわない。
저 투수가 있는 한, 저 팀을 당해낼 수 없다.

② 참을 수 없다

예　今日は暑くてかなわない。　오늘은 더워서 참을 수 없다.
こう一日中忙しくてはかないませんよ。　이렇게 하루 종일 바빠서는 참을 수 없습니다.

5　荷造りにあたっております　포장에 임하고 있습니다

「あたる」에는 여러 가지 의미가 있지만, 여기서는 '맡다, 임하다'의 뜻으로 사용되었다.

예　会長の任にあたる。　회장 직책을 맡다.
就任にあたり、一言ご挨拶させていただきます。　취임에 임해 한마디 인사말을 하겠습니다.

6　料金着払いにて　착불 요금으로

「～にて」는 장소, 수단, 원인을 나타내는 「～で」의 예스런 표현이다.

예　東京にて開催される。　도쿄에서 개최된다.
深き川を船にて渡る。　깊은 강을 배로 건너.

ピッチャー　투수 ┊ ～限り　～하는 한 ┊ 一日中　하루 종일 ┊ 任　임무, 직책 ┊ 深き　깊은 〈고어〉 ┊ 川　강 ┊ 船　배
渡る　건너다

○ 주어진 어구를 이용해 다음 문형을 연습해 봅시다.

1　〜かねない　　〜할 수도 있다

예　契約解除になる　➡　契約解除になりかねない。

① 取引先を失う　➡　________________________

② 大問題に発展する　➡　________________________

③ 事故を起こす　➡　________________________

④ 彼を傷付ける　➡　________________________

2　心から〜申し上げる　　진심으로 〜드리다

예　詫びる　➡　心からお詫び申し上げます。

① 祝う　➡　________________________

② 慶ぶ　➡　________________________

③ 祈る　➡　________________________

④ 悔やむ　➡　________________________

単語

大問題 큰 문제 ｜ **発展する** 발전되다 ｜ **傷付ける** 상처를 주다 ｜ **祝う** 축하하다 ｜ **慶ぶ** 경하하다, 축복하다
祈る 기원하다, 기도하다 ｜ **悔やむ** 후회하다

3 細心の注意を払って～にあたっている

세심한 주의를 기울여서 ～에 임하고 있다

> **예** 荷造り ➡ 細心の注意を払って荷造りにあたっております。

① 警備 ➡ ____

② 工場 ➡ ____

③ 品質管理 ➡ ____

④ 輸送 ➡ ____

4 ～にて～くださいますか　～에서/로 ～해 주시겠습니까?

> **예** 料金着払い / ご返送 ➡ 料金着払いにてご返送くださいますか。

① 速達 / 送って ➡ ____

② ３割引 / お譲り ➡ ____

③ ドル建て / お支払い ➡ ____

④ 低金利 / お貸し ➡ ____

◎ 밑줄 친 부분을 주어진 ①~④의 표현으로 바꾸어 연습해 봅시다.

Track53

1 예 ⓐ 納入（のうにゅう）　ⓑ 記念品（きねんひん）

A 先日弊社（せんじつへいしゃ）より再度（さいど） ⓐ 納入（のうにゅう）いたしました ⓑ 記念品（きねんひん）が破損（はそん）して到着（とうちゃく）し、貴社（きしゃ）に大変（たいへん）御迷惑（ごめいわく）をおかけいたしました。なんとお詫（わ）びしたらよいか……。

B 今後（こんご）はこのようなことのないように一層（いっそう）のご配慮（はいりょ）をお願（ねが）いします。

① ⓐ 発送（はっそう）　　ⓑ 青磁（せいじ）

② ⓐ 発送（はっそう）　　ⓑ 電球（でんきゅう）

③ ⓐ 納品（のうひん）　　ⓑ クリスタル

④ ⓐ お送（おく）り　　ⓑ 化粧品（けしょうひん）

単語

青磁（せいじ） 청자 ｜ **電球（でんきゅう）** 전구 ｜ **クリスタル** 크리스털, 수정 ｜ **化粧品（けしょうひん）** 화장품

2　[例]　ⓐ 事態を引き起こす　ⓑ 荷造り及び発送　ⓒ 割れ物には用心する

A　今後は二度とこのような ⓐ 事態を引き起こすことのないように
ⓑ 荷造り及び発送にはさらに注意をいたします。
B　特に ⓒ 割れ物には用心してください。

① ⓐ ミスをする　　　ⓑ 検品　　　ⓒ 生物には注意する

② ⓐ 不祥事を起こす　　　ⓑ 社員教育
　ⓒ 機密情報の取り扱い方について教育する

③ ⓐ 失態をお見せする　ⓑ 飲み過ぎ　ⓒ 接待の席では自重する

④ ⓐ 事故を起こす　　　ⓑ 運転　　　ⓒ 夜勤明けの運転に気をつける

単語

生物 날것 ┃ **機密** 기밀 ┃ **取り扱う** 다루다, 취급하다 ┃ **失態** 추태 ┃ **飲み過ぎ** 과음 ┃ **自重する** 자중하다
運転 운전 ┃ **夜勤明け** 야근한 다음 날

失言
しつげん
실언

会話
Track55

이케다가 고객에게 사과를 하고 있습니다.

池田　このたびは、当社社員がお客様に心ないひと言を申しまして、誠に申し訳ありませんでした。心からお詫び申し上げます。

客　本当にお宅では社員に日頃からどのような教育をしているんですか。

池田　日頃から、お客様に失礼のないようにときびしく指導してまいりましたが、私の監督・指導の不行き届きと申すほかなく、お詫び申し上げることばもありません。

客　謝れば済むということではないでしょう。

池田　はい、ごもっともです。本人も自身の軽率さを深く反省いたしておりますもので、今日だけはどうか……。

客　まあ、わかってくだされればそれでいいんですが。

池田　今後は二度とこのようなことのないように十分注意いたしますので、何とぞご容赦いただけませんか。

客　今後このようなことがあれば裁判も辞さない覚悟ですからね。

池田　かしこまりました。肝に銘じます。今後ともお気づきの点がございましたら、ご遠慮なくお申し付けください。

이케다　　이번에 저희 회사 사원이 고객님께 무례한 말을 해서 정말로 죄송했습니다. 진심으로 사과 드립니다.

고객　　정말이지 귀사에서는 사원들에게 평소에 어떤 교육을 하고 있는 건가요?

이케다　　평소에 손님에게 실례를 저지르지 않도록 엄격하게 지도해 왔습니다만, 저의 감독, 지도의 불충분이라고밖에 할 수 없어, 죄송하다는 말씀조차 드리지 못하겠습니다.

고객　　사과한다고 될 일이 아니지요.

이케다　　예, 지당하신 말씀입니다. 본인도 자신의 경솔함을 깊이 반성하고 있으니, 오늘만 어떻게…….

고객　　음, 알아 주신다면 그것으로 되었습니다만.

이케다　　앞으로는 두 번 다시 이와 같은 일이 없도록 충분히 주의하겠습니다. 아무쪼록 용서해 주시면 안 되겠습니까?

고객　　앞으로 이런 일이 있으면 재판도 불사할 각오예요.

이케다　　알겠습니다. 명심하겠습니다. 앞으로도 잘못된 점이 있으면 거리낌 없이 말씀해 주십시오.

単語

失言 실언 ｜ **心ない** 분별없다, 무례하다 ｜ **日頃** 평소 ｜ **指導** 지도 ｜ **監督** 감독 ｜ **不行き届き** 불충분
～ほかない ～외에는 방법이 없다 ｜ **～ば済む** ～하면 해결되다 ｜ **ごもっとも** 지당하심 ｜ **自身** 자신 ｜ **軽率さ** 경솔함
何とぞ 부디, 제발 ｜ **容赦** 용서 ｜ **裁判** 재판 ｜ **辞さない** 불사하다 ｜ **覚悟** 각오 ｜ **肝に銘じる** 명심하다
ご遠慮なく 사양 말고, 거리낌 없이

1 心ないひと言を申しまして　무례한 말을 해서

「心ない」는 '생각이 모자라다, 분별이 없다, 무정하다'라는 뜻의 형용사이다. 반대어는「心ある」로 '사려 분별이 있다, 양식이 있다'라는 의미이다.

예　芝生を心ない人が踏みあらした。　잔디밭을 생각이 모자란 사람이 밟아 어지럽혔다.

心ある人は軽はずみなことはしない。　양식 있는 사람은 경솔한 행동은 하지 않는다.

2 監督・指導の不行き届き　감독, 지도의 불충분

「不行き届き」는 '부주의, 소홀'의 의미이다. 반대로「行き届く」는 '사소한 부분에까지 신경을 쓰다'라는 뜻이다.

예　この失敗は私の不行き届きのせいです。　이번 실패는 제가 부주의한 탓입니다.

この庭園はずいぶん手入れの行き届いたところです。
이 정원은 꽤 구석구석까지 손질이 잘 되어 있는 곳입니다.

3 謝れば済むという　사과하면 된다고 하는

「済む」의 용법에는 다음과 같은 것이 있다.

① 끝나다, 마치다

예　やっと仕事が済みました。　드디어 일이 끝났습니다.

② 충분하다, 괜찮다

예　この天気ならストーブがなくても済みます。　이런 날씨라면 스토브가 없어도 괜찮습니다.

③ (사고나 문제 등이) 해결되다

예　保険に入っていたのでお金を払わずに済んだ。
보험에 들어 있었기 때문에 돈을 지불하지 않고 해결됐다.

④ 사과나 부탁할 때 사용한다

예　すみませんが、お金を貸してくれませんか。　죄송합니다만, 돈을 빌려주지 않겠습니까?

単語

芝生 잔디밭 | 踏みあらす 밟아 망치다 | 軽はずみだ 경솔하다 | 庭園 정원 | 手入れ 손질 | 保険 보험

4 ごもっともです 지당하신 말씀입니다

「ごもっとも」는 「もっとも」에 존경의 접두어 「ご」가 붙은 것이다. 「もっとも」에는 부사와
な형용사, 접속사의 쓰임이 있는데 여기서는 な형용사로 쓰였고, 의미는 '당연함, 무리가 아님'
이다.

예 勉強をしなかったのだから試験に落ちるのはもっともだ。
공부를 하지 않았기 때문에 시험에 떨어지는 것은 당연하다.

5 裁判も辞さない 재판도 불사하다

「〜も辞さない」는 '〜도 불사하다'라는 뜻으로 어떤 목적을 달성하기 위해 앞에 들어가는 수단
도 피하지 않겠다고 말할 때 사용한다.

예 このまま交渉がまとまらなければ、ストも辞さない覚悟です。
이대로 교섭이 정리되지 않으면 파업도 불사할 각오입니다.

6 ご遠慮なく 거리낌 없이

「お/ご〜なく」는 '〜하지 않고, 〜하지 않으셔도 됩니다'라는 뜻으로 「お + 동사 ます형 + なく」
혹은 「ご + 한자어 + なく」로 만든다.

예 A: お茶でもいかがですか。 차라도 드시겠습니까?
　　B: どうぞお構いなく。 신경 쓰지 않으셔도 됩니다.

単語

構う 상관하다, 마음을 쓰다

⚙ 주어진 어구를 이용해 다음 문형을 연습해 봅시다.

1 日頃から、〜ないようにと　평소에 〜하지 않도록

[예]　お客様に失礼　➡　日頃から、お客様に失礼の**ないようにと**

うるさくする　➡　日頃から、うるさく**しないようにと**

① いたずらをする　➡ ________________________________

② かけごとする　➡ ________________________________

③ 深酒をする　➡ ________________________________

④ お客様に粗相　➡ ________________________________

2 〜ほかない　〜할 수밖에 없다

[예]　監督・指導の不行き届きと申す

➡　監督・指導の不行き届きと申す**ほかありません。**

① 社長が退任する　➡ ________________________________

② もう一度作り直す　➡ ________________________________

③ B社と和解する　➡ ________________________________

④ C社を提訴する　➡ ________________________________

[単語]

いたずら 장난 ｜ かけごとする 내기를 하다, 도박을 하다 ｜ 深酒 과음 ｜ 粗相 실수 ｜ 退任する 퇴임하다
作り直す 다시 만들다 ｜ 和解する 화해하다 ｜ 提訴する 제소하다

3 〜ば済むということではない ～하면 해결된다고 하는 것은 아니다

> **예** 謝る ➡ **謝れば済むということではありません。**

① 犯人が捕まる ➡ ＿＿＿＿＿＿＿＿＿＿＿＿＿＿＿＿＿

② お金で解決する ➡ ＿＿＿＿＿＿＿＿＿＿＿＿＿＿＿＿

③ お金を返す ➡ ＿＿＿＿＿＿＿＿＿＿＿＿＿＿＿＿＿

④ 自分だけ助かる ➡ ＿＿＿＿＿＿＿＿＿＿＿＿＿＿＿

4 お/ご〜なく ～하지 마시고

> **예** 遠慮する ➡ **ご遠慮なく**

① 気遣う ➡ ＿＿＿＿＿＿＿＿＿＿＿＿＿＿＿＿＿＿

② 忘れる ➡ ＿＿＿＿＿＿＿＿＿＿＿＿＿＿＿＿＿＿

③ 間違える ➡ ＿＿＿＿＿＿＿＿＿＿＿＿＿＿＿＿＿

④ 心配する ➡ ＿＿＿＿＿＿＿＿＿＿＿＿＿＿＿＿＿

単語

犯人 범인 ｜ **捕まる** 잡히다, 체포되다 ｜ **解決する** 해결하다 ｜ **返す** 돌려주다, 갚다 ｜ **気遣う** 배려하다 ｜ **忘れる** 잊다
間違える 틀리다, 잘못하다

会話練習

Track56

1 예 ⓐ 自身の軽率さを

A 本人も ⓐ 自身の軽率さを深く反省いたしておりますもので、今日だけはどうか……。

B まあ、わかってくだされればそれでいいんですが。

① ⓐ 自身の曖昧さを

② ⓐ 不甲斐なさを

③ ⓐ 自業自得と

④ ⓐ 自分の身から出た錆と

単語

曖昧さ 애매함 ｜ **不甲斐なさ** 한심함 ｜ **自業自得** 자업자득 ｜ **錆** 녹, 나쁜 결과

2 例 ⓐ 社員　　ⓑ お客様に失礼　　ⓒ 監督・指導の不行き届き

A 本当にお宅では ⓐ 社員に日頃からどのような教育をしているんですか。

B 日頃から、ⓑ お客様に失礼のないようにときびしく指導してまいりましたが、私の ⓒ 監督・指導の不行き届きと申すほかありません。

① ⓐ お子さん　　ⓑ 人に迷惑をかけること
ⓒ 育て方が間違っていた

② ⓐ 生徒　　ⓑ 問題を起こすこと　　ⓒ 責任

③ ⓐ アルバイト　　ⓑ お客様第一主義を忘れること　　ⓒ 監督の不行き届き

④ ⓐ 職員　　ⓑ 倫理規定を破ること　　ⓒ 指導力不足

単語

育て方 양육 방식 ｜ **生徒** 학생 ｜ **責任** 책임 ｜ **アルバイト** 아르바이트 ｜ **第一主義** 제일주의 ｜ **職員** 직원
倫理 윤리 ｜ **規定** 규정 ｜ **破る** 어기다, 부수다, 찢다 ｜ **指導力** 지도력 ｜ **～不足** ～부족

お客様センター
고객센터

 **会話** Track58

나카타가 고객의 문의 전화에 응대하고 있습니다.

中田　お電話ありがとうございます。新興電機お客様センター中田が承ります。

客　お宅の会社のルーターでＷｉ－Ｆｉ接続しようとしてるんだけど、パソコン画面に「機器を検索中です」って表示されたっきり、うんともすんとも言わないんだよ。

中田　大変ご迷惑をおかけして申し訳ございません。商品の型番はおわかりでしょうか。

客　え？型番って、どれ？

中田　わかりづらくて申し訳ございません。商品の側面にあるシールにアルファベットのＳに続く8桁の番号があると思うのですが。

客　あ、これかな。Ｓ04872943です。

中田　ありがとうございます。そのタイプでしたら、「ＬＡＮ１」と書かれたところにＬＡＮケーブルをお繋ぎください。ＬＡＮ１のところに緑色のランプが点灯するかと思いますが、お客様のお手元の商品はいかがでしょうか。

客　あ、はい。緑色のランプがつきました。

中田　ご確認ありがとうございます。これで設定完了です。これよりＷｉ－Ｆｉをご利用いただけます。

客　ついでにスマートフォンの設定も教えてくれますか。

中田　申し訳ございません。スマートフォンの設定に関しましては、
　　　こちらではわかりかねますので、恐れ入りますが、スマート
　　　フォンの販売店にお問い合わせいただけますでしょうか。

나카타　전화 감사합니다. 신코전기 고객센터 나카타입니다.

고객　그쪽 회사 라우터로 Wi-Fi 접속하려고 하는데요,
　　　컴퓨터 화면에 '기기를 검색 중입니다'라고 표시된 채 아무 반응이 없어요.

나카타　불편을 드려 대단히 죄송합니다. 상품의 형식 번호는 아십니까?

고객　네? 형식 번호가 어떤 거죠?

나카타　알기 어렵게 말씀드려 죄송합니다. 상품 측면에 있는 실에 알파벳 S에서 시작하는 8자
　　　리 번호가 있을 텐데요.

고객　아, 이건가. S04872943입니다.

나카타　감사합니다. 그 타입이라면, 'LAN 1'라고 적힌 곳에 LAN 케이블을 연결해 주세요.
　　　LAN 1이라고 적힌 곳에 녹색 램프가 점등될 텐데요, 고객님이 갖고 계신 상품은 어떤
　　　지요?

고객　아, 네. 녹색 램프에 불이 들어왔어요.

나카타　확인 감사합니다. 이로써 설정 완료입니다. 이제 Wi-Fi를 이용하실 수 있습니다.

고객　하는 김에 스마트폰 설정도 가르쳐 주실래요?

나카타　죄송합니다. 스마트폰 설정에 관해서는 저희 쪽에서 알기 어려우니, 죄송합니다만 스
　　　마트폰 판매점에 문의해 주시겠습니까?

単語

承る 삼가 듣다, 삼가 받다 ｜ **ルーター** 라우터 ｜ **Ｗｉ－Ｆｉ** 와이파이 ｜ **接続** 접속 ｜ **画面** 화면 ｜ **機器** 기기
検索 검색 ｜ **〜って** 〜라고 ｜ **表示** 표시 ｜ **〜きり** 〜한 채 ｜ **うんともすんとも言わない** 아무 반응이 없다
型番 형식 번호 ｜ **〜づらい** 〜하기 어렵다 ｜ **側面** 측면 ｜ **シール** 실 ｜ **アルファベット** 알파벳 ｜ **〜桁** 〜자릿수
ケーブル 케이블 ｜ **繋ぐ** 연결하다 ｜ **緑色** 녹색 ｜ **ランプ** 램프 ｜ **点灯** 점등 ｜ **手元** 주변 ｜ **設定** 설정 ｜ **完了** 완료
利用 이용 ｜ **ついでに** 하는 김에 ｜ **販売店** 판매점

1 中田が承ります　　나카타입니다(나카타가 받습니다)

「承る」는 '듣다, 받다'라는 뜻으로 높여야 할 사람에게 무엇인가를 듣거나 받을 때 사용한다.

例 どんなご依頼でも承ります。　어떤 의뢰든 받겠습니다.

2 表示されたっきり　　표시된 채

「～きり」는 '～한 채'라는 뜻으로 원래 일어나야 되는 일이 일어나지 않았다고 말할 때 사용한다. 동사 た형에 연결되며 뒤에는 보통 부정문이 온다. 동사 た형 다음에 촉음이 들어가서 「～たっきり」라고 하는 것은 회화체이다.

例 彼とは３年前に一度会ったきり、それからどうしているかわからない。
그 사람하고는 3년 전에 한 번 만난 이후로 어떻게 지내고 있는지 모른다.

3 うんともすんとも言わない　　아무 반응이 없다

이것은 '가타부타 대답이 없다'라는 뜻으로 아무 소리도 하지 않는다고 말할 때 사용한다.

例 まだ怒っているのか、いくら話しかけてもうんともすんとも言わない。
아직 화를 내고 있는지 아무리 말을 걸어도 아무런 대답이 없다.

単語

話しかける　말을 걸다

4 わかりづらくて　　알기 어려워서

「～づらい」는 '~하기 어렵다'라는 뜻으로 어떤 행위를 하는 데에 있어서 어려움이나 불편함을 느낀다고 말할 때 사용한다. 「～にくい」의 유사 표현이다.

例 新しい靴だったので、歩きづらかった。　새로운 신발이라서 걷기 불편했다.

5 ご利用いただけます　　이용하실 수 있습니다

「お/ご～いただける」는 '~하실 수 있다'라는 뜻으로 상대방이 무엇인가를 하는 게 가능하다고 말할 때 사용하는데, 고객의 행위와 같이 상대방의 행위가 가능하다는 것 자체를 화자가 은혜라고 알 수 있을 때 사용한다.

例 こちらでは無料でプレイルームをお使いいただけます。
여기서는 무료로 놀이방을 이용하실 수 있습니다.

6 ついでに　　하는 김에

「～ついでに」는 '~하는 김에'라는 뜻으로 문장 맨 앞에 나오는 경우도 있지만 보통 동사의 기본형 혹은 た형, 그리고 する를 연결시킬 수 있는 명사 뒤에 연결시킨다. 어떤 예정된 행위를 하는 기회를 이용해서 다른 것도 부수적으로 한다는 표현이다.

例 京都への出張のついでに旧友を訪ねた。　교토로 출장을 간 김에 옛날 친구를 찾아갔다.

単語

無料 무료 ┃ **プレイルーム** 놀이방 ┃ **旧友** 옛날 친구

文型練習

1 〜きり　〜한 채

예　表示される / うんともすんとも言わない

　➡　表示された**きり**うんともすんとも言いません。

① 怒って帰る / 全然来ない　➡　________________________

② 一度デートする / その後連絡もない

　➡　________________________

③ 部屋に入る / 何時間も出て来ない

　➡　________________________

④ 友達に本を貸す / 返って来ない

　➡　________________________

2 〜づらい　〜하기 어렵다

예　わかる　➡　わかり**づらい**。

① 言う　➡　________________________

② 歩く　➡　________________________

③ 持つ　➡　________________________

④ 食べる　➡　________________________

3　お/ご〜いただける　〜하실 수 있다

예　利用　➡　ご利用いただけます。

① 使う　➡　________________________________

② 試す　➡　________________________________

③ 買い求める　➡　________________________________

④ 楽しむ　➡　________________________________

4　〜ついでに　〜하는 김에

예　外に出た / 手紙を出した　➡　外に出たついでに手紙を出しました。

① 買い物 / 公園を散歩した　➡　________________________________

② 駅まで行った / スーパーに寄った　➡　________________________________

③ 手紙を出した / 切手を買った　➡　________________________________

④ 病院に行った / 本屋にも行った　➡　________________________________

単語

試す 시험 삼아 해 보다 ｜ **買い求める** 돈을 내고 사다

⚙ 밑줄 친 부분을 주어진 ①~④의 표현으로 바꾸어 연습해 봅시다.

🔘 *Track59*

1 예
ⓐ 新興電機お客様センター中田　　ⓑ お宅の会社のルーター

ⓒ Wi−Fi接続しようとしてる

A ⓐ 新興電機お客様センター中田が承ります。
B ⓑ お宅の会社のルーターで ⓒ Wi−Fi接続しようとしてるんだけど。

① ⓐ カード紛失センターの佐藤　　ⓑ 帰り道

　ⓒ カードを落としちゃったみたいだ

② ⓐ お問い合わせ窓口の鈴木　　ⓑ テレビ

　ⓒ そちらの会社の商品を見た

③ ⓐ コールセンターの高橋　　ⓑ お宅の会社の商品

　ⓒ わからないことがある

④ ⓐ お客様専用ダイヤルの田中　　ⓑ そちらの商品

　ⓒ アレルギーが出た

単語

カード 카드 ┃ 紛失 분실 ┃ 帰り道 귀갓길 ┃ 落とす 분실하다 ┃ 窓口 창구 ┃ コールセンター 콜센터 ┃ 専用 전용
ダイヤル 다이얼 ┃ アレルギー 알레르기

2 예 ⓐ これよりWi−Fiを利用する ⓑ スマートフォンの設定も教える

A ⓐ これよりWi−Fiをご利用いただけます。

B ついでに ⓑ スマートフォンの設定も教えてくれますか。

① ⓐ 今なら特価で買い求める ⓑ 他の商品も紹介する

② ⓐ スペシャルコースを楽しむ ⓑ 他のコースも説明する

③ ⓐ こちらで休む ⓑ 布団も持ってくる

④ ⓐ 300以上のチャンネルを見る ⓑ ケーブルテレビの工事もする

単語

特価 특가 ┊ **スペシャルコース** 스페셜 코스 ┊ **布団** 이불 ┊ **チャンネル** 채널 ┊ **工事** 공사

트러블 처리의 비결

1 문제가 생기면 우선 사죄한다

문제가 생기면 무엇보다도 먼저, 「申(もう)し訳(わけ)ございませんでした(대단히 죄송합니다)」라고 사죄하는 것이 좋다. 가령 자신의 책임이 아니어도 상대의 오해를 초래한 원인은 자신에게도 있다고 생각하고 사과하는 것이 일본적인 방법이다. 상대방의 잘못이라고 해서 오히려 당당하게 나갈 경우 역효과를 갖게 된다. 시내에서 걷다가 부딪치게 되는 경우에도 양쪽에서 「すみません」이라고 사과하는 일본문화를 생각해 본다면 이해하기 쉬울 것이다.

2 비상 사태에는 발 빠르게 대응한다

문제가 발생해서 상대방에게서 항의가 들어왔다면 심야라도 거래처나 현장으로 달려간다. 비상사태에 근무 시간이 따로 있을 수가 없다.

「明日(あした)ではいけませんか(내일 하면 안 될까요?)」하고 말해서 처리를 뒤로 미루는 태도는 결코 보여주어서는 안 된다.

그러나 문제에 대한 대응 방식에는 나라마다 차이가 있으며, 특히 개인보다 집단을 중시하는 일본 문화에서는 개인의 근무 시간보다는 회사의 신용을 중요하게 생각한다. 회사를 위해서 개인을 죽이는 일본 문화를 외국에서는 좀처럼 이해하기 어려운 것 같다.

3 변명은 하지 않는다

상대방의 항의에 대해 「そんなはずはありません(그럴 리가 없습니다)」「何(なに)かの間(ま)違(ちが)いではないでしょうか(무언가 착각하신 것은 아닙니까?)」라고 말을 하지 않는 것이 좋다. 변명하는 듯한 발언, 상대에게 책임을 전가하는 듯한 조심성 없는 표현은 상대의 감정을 더욱 상하게 하는 것이 된다. 일본에는 예부터 「沈(ちん)黙(もく)は美(び)徳(とく)(침묵은 미덕)」「不(ふ)言(げん)実(じっ)行(こう)(불언실행)」라고 해서 말을 많이 하지 않으려고 하는 풍조가 있고, 자기 주장이 강한 사람을 싫어하는 경향이 있다. 또한 「腹(はら)芸(げい)(배짱이나 경험으로 일을 처리함)」라고 하는 말까지 있을 정도다. 따라서 사람 앞에서 자기 주장을 강하게 하면 오히려 문제가 더 꼬일 가능성이 있다.

부록

- ▶ 문형연습 정답
- ▶ 회화연습 스크립트

第01課 p.014

1 ① 3日ほど旅に出ようと思っている
んですが。
② 10日間ほど海外旅行に行こうと
思っているんですが。
③ 1週間ほど休暇をとろうと思って
いるんですが。
④ 半年ほど留学しようと思っている
んですが。

2 ① 開業に先立ち
② 出張に先立ち
③ 会議を始めるに先立ち
④ プロフェクトを立ち上げるに先立ち

3 ① お立ち寄りください。
② お座りください。
③ お申し付けください。
④ お読みください。

4 ① 会社を訪問させていただいてもよ
ろしいですか。
② 工場を見学させていただいてもよ
ろしいですか。
③ 取引を開始させていただいてもよ
ろしいですか。
④ 出向社員をおかせていただいても
よろしいですか。

第02課 p.022

1 ① さっき出先から帰ったところです。
② 今しがた辞令を受け取ったところ
です。
③ 今その話を聞いたところです。
④ さっき家を出たところです。

2 ① どうしても今週中にしなければな
らない。
② どうしても明日までに渡さなけれ
ばならない。
③ どうしても今日中に送らなければ
ならない。
④ どうしても今日中に仕上げなけれ
ばならない。

3 ① 話を聞いてみないことには
② 実際に会ってみないことには
③ 十分な時間が確保できないことに
は
④ 顔が広くないことには

4 ① ご覧いただくようにと言われてお
ります。
② ご検討いただくようにと言われて
おります。
③ ご案内するようにと言われており
ます。
④ ご招待するようにと言われており
ます。

第03課 p.032

1 ① お聞きしたいんです。
② お呼びしたいんです。
③ お届けしたいんです。
④ お見せしたいんです。

2 ① 住宅ローンの件で相談したいこと
　　がありまして
　② 今後の人事の件で相談したいこと
　　がありまして
　③ 人事異動の件で相談したいことが
　　ありまして
　④ 有給休暇の件で相談したいことが
　　ありまして

3 ① 失礼ですが、お年は。
　② 失礼ですが、お子様は。
　③ 失礼ですが、ご両親は。
　④ 失礼ですが、ご職業は。

4 ① 右に曲がられますと
　② まっすぐ進まれますと
　③ 階段を上がられますと
　④ 玄関を出られますと

第04課　　p.040

1 ① たばこは吸わないことにしている。
　② 夜更かしはしないことにしている。
　③ 上司の悪口は言わないことにして
　　いる。
　④ 月末にアポはとらないことにして
　　いる。

2 ① 話を聞いた上で
　② 報告書を読んだ上で
　③ プレゼンを聞いてみた上で
　④ 課員で話し合った上で

3 ① 不躾かとは存じますが。
　② ご迷惑かとは存じますが。

③ 至らぬ点が多いかとは存じますが。
④ 力不足かとは存じますが。

4 ① 応募してみたところで
　② 今から送ったところで
　③ 社長と会ってみたところで
　④ 直談判したところで

第05課　　p.048

1 ① ご多忙のところ、すみません。
　② ご多用のところ、すみません。
　③ お取り込み中、すみません。
　④ お話し中、すみません。

2 ① わざわざいらっしゃっていただき
　② わざわざ見送っていただき
　③ わざわざ車を出していただき
　④ わざわざ直していただき

3 ① そう急いで食べないで
　② そうあわてないで
　③ そうあせらないで
　④ そうびっくりしないで

4 ① 準備してからでないと
　② 話し合ってからでないと
　③ 部長に報告してからでないと
　④ 実際に会ってからでないと

第06課　　p.056

1 ① 何にもまして健康は大切です。
　② 課長にもまして課長代理が熱心に
　　プロフェクトを進めています。

③ 昨日にもまして今日は冷え込みます。
④ 昨年にもまして今年は業績が落ち込みました。

2 ① 市内を案内してくだされば助かります。
② 3時までに来てくだされば助かります。
③ 明日の朝一番でファックスを送ってくだされば助かります。
④ 1日でも早く制作部に廻してくだされば助かります。

3 ① 彼に会うべく彼のマンションに行った。
② 新規の取引先を開拓するべく出かけた。／新規の取引先を開拓すべく出かけた。
③ 表彰式に向かうべく上着を着て部屋を出た。
④ 友を見送るべく空港へ向かった。

4 ① 照会してみますので、少々お待ちください。
② 問い合わせてみますので、少々お待ちください。
③ 電話をつないでみますので、少々お待ちください。
④ 空席状況を調べてみますので、少々お待ちください。

1 ① 日ごとに寒くなります。
② 5分ごとにアラームが鳴ります。

③ 一雨ごとに暖かくなります。
④ 3人ごとに分かれてチームを作ります。

2 ① 離職率が高いとか。
② 素晴らしい製品ができたとか。
③ 彼が左遷されるとか。
④ 新規開拓ができなければボーナスが出ないとか。

3 ① ペースをあげるとともに残業時間も増やしました。
② お金をりるとともにばくちにまで手を出しました。
③ 謝罪文を出すとともに全品回収しました。
④ 品質改善を行うとともに定価を5％抑さえました。

4 ① 夜食を食べないようにしました。
② 利子をとらないようにしました。
③ 情に流されないようにしました。
④ 他社に見破られないようにしました。

1 ① 御社からの契約書を拝見しました。
② 御社からの社屋移転の通知書を拝見しました。
③ 御社からの照会状を拝見しました。
④ 御社からの承諾書を拝見しました。

2 ① もう少し数量を減らしていただかないと
② もう少し予算を押さえていただか

ないと
③ もう少し期限を早めていただかな
いと
④ もう少し納期をずらしていただか
ないと

3 ① 忘年会に行かざるを得ない。
② 違約金を払わざるを得ない。
③ 会社を辞めざるを得ない。
④ 撤退を検討せざるを得ない。

4 ① 名前も知らないから、探しようが
ない。
② 社長の指示だから、背きようがない。
③ 車がないから、行きようがない。
④ 出先だから、確認しようがない。

第09課 *p.080*

1 ① 伺おうと思っていたところです。
② ファックスを送ろうと思っていた
ところです。
③ 訪問しようと思っていたところです。
④ お話ししようと思っていたところで
す。

2 ① 売り上げダウンのおそれがある。
② 業績が悪化するおそれがある。
③ 子会社の倒産のおそれがある。
④ 不渡りを出すおそれがある。

3 ① 不便な代わりに環境がいいです。
② 安価な代わりにアフターサービス
が悪いです。
③ 英語を教えてもらう代わりに日本
語を教えてあげます。

④ 名声を手に入れた代わりに大切な
ものを失いました。

4 ① お礼と言ってはなんですが。
② お詫びと言ってはなんですが。
③ お返しと言ってはなんですが。
④ ご提案と言ってはなんですが。

第10課 *p.088*

1 ① もう少し安くならないですか。
② もう少し高くならないですか。
③ もう少し涼しくならないですか。
④ もう少し静かにならないですか。

2 ① できないこともない。
② 読めないこともない。
③ 間に合わないこともない。
④ 忙しくないこともない。

3 ① 作ろうにも作れない。
② 運ぼうにも運べない。
③ 開けようにも開けない。
④ 来ようにも来られない。

4 ① その線で何とか考えてみましょう。
② その線で何とかまとめてみましょう。
③ その線で何とか協議してみましょう。
④ その線で何とかはかってみましょう。

第11課 *p.096*

1 ① 抜きつ抜かれつ
② 差しつ差されつ
③ 行きつ戻りつ
④ 浮きつ沈みつ

2 ① これが愛というものだ。
② その考え方は非常識というものだ。
③ 努力のかいがあったというものだ。
④ これで乗りきれるというものだ。

3 ① 特許を取得した暁には
② 製品が完成した暁には
③ 会社再建の暁には
④ 目標達成の暁には

4 ① ここに書いてあるとおり
② 私が言ったとおり
③ 前から思っていたとおり
④ 計画のとおり

第12課　　　　　　　　　p.104

1 ① 原価が安いにもかかわらず
② あれほど言ったにもかかわらず
③ 雨にもかかわらず
④ お越しいただいたにもかかわらず

2 ① 会議にあたってビームプロジェクターが必要ということでしたね。
② 修理にあたって料金が発生するということでしたね。
③ 保障にあたって期間を限定するということでしたね。
④ 契約にあたって前向きに検討するということでしたね。

3 ① 意見にかなりの食い違いがあります。
② 価格にかなりの隔たりがあります。
③ 労働条件にかなりの無理があります。

④ 見積もりにかなりの割り増しがあります。

4 ① いい上司になれるよう頑張ります。
② 期待に応えられるよう頑張ります。
③ プロジェクトを動かせるよう頑張ります。
④ 大学に合格できるよう頑張ります。

第13課　　　　　　　　　p.112

1 ① 彼に会ってからというもの
② 就職してからというもの
③ 大学を卒業してからというもの
④ 上場してからというもの

2 ① と同時に出産も重なりまして
② と同時に連休も重なりまして
③ と同時に不良品も重なりまして
④ と同時に従業員のストも重なりまして

3 ① 朝6時には起きかねます。
② 明日までには決めかねます。
③ 部長の意見には納得しかねます。
④ 工場移転には同意しかねます。

4 ① ここも便利なことには変わりがありません。
② B社の商品も価格が手ごろなことには変わりがありません。
③ こちらも譲歩していることには変わりがありません。
④ 弊社も今期は苦戦していることには変わりがありません。

1
① 難しいどころか、おもしろくて時間があっという間に過ぎました。
② 育児を手伝うどころか、子供の遊び相手にもなってくれません。
③ 真面目などころか、ギャンブルに明け暮れています。
④ 昇進どころか、降格を命じられました。

2
① 半額にまで下げないまでも
② 家まで送ってくれないまでも
③ 掃除や洗濯をしないまでも
④ 顧客を定期的に訪問しないまでも

3
① 先日の見積もりについて十分に検討したんですが。
② 施設の改造について十分に検討したんですが。
③ 組み立て作業の自動化について十分に検討したんですが。
④ 取り付け部品について十分に検討したんですが。

4
① 保証期間を３年に延ばすということで契約することにしましょう。
② 早急に連絡を取るということで見送ることにしましょう。
③ ついに社長が乗り出すということで引き下がることにしましょう。
④ 素直に謝ったということで大目に見ることにしましょう。

1
① この度、ご融資してくださいまして、厚くお礼申し上げます。
② この度、ご紹介してくださいまして、厚くお礼申し上げます。
③ この度、工場をご案内してくださいまして、厚くお礼申し上げます。
④ この度、我が社の製品をご購入してくださいまして、厚くお礼申し上げます。

2
① 大いなる野望
② 静かなる闘志
③ 多大なる迷惑
④ 親愛なる田中くん

3
① できるならば値下げしてさしあげたかったのですが。
② できるならば譲ってさしあげたかったのですが。
③ できるならば廻してさしあげたかったのですが。
④ できるならば融通してさしあげたかったのですが。

4
① お届けに上がります。
② お迎えに上がります。
③ お詫びに上がります。
④ ご確認に上がります。

1
① こんなに大きくなくてもよかった。

② 部屋はきれいではなくてもよかった。
③ 見積もりを出さなくてもよかった。
④ 消費税を払わなくてもよかった。

2 ① 時間に遅れなくて幸いでした。
② 会議が延びなくて幸いでした。
③ 頭を打たなくて幸いでした。
④ 怪我がひどくなくて幸いでした。

3 ① あちらに出向きましたところ
② ご挨拶に上がりましたところ
③ 出荷量を増やしましたところ
④ 単価を下げましたところ

4 ① このような事態を引き起こすこと
のないよう
② 二度と遅れることのないよう
③ 二度と人のものを盗むことのない
よう
④ 二度とご迷惑をおかけすることの
ないよう

1 ① 不思議なことに
② うれしいことに
③ 困ったことに
④ 呆れたことに

2 ① 何度も確認をしたはずなんですが。
② 細心の注意を払ったはずなんです
が。
③ 綿密な検査を行ったはずなんです
が。
④ 一通りの検査を行ったはずなんで
すが。

3 ① 報告書にはミスはございません。
② 領収書にはうそはございません。
③ 礼状には失礼はございません。
④ 計画書には無理はございません。

4 ① そんなばかなことあり得ない。
② この仕事は一人ではなし得ない。
③ このタイプの事故は起こり得ない。
④ この工場では異物が混入しえない。

1 ① 取引先を失いかねない。
② 大問題に発展しかねない。
③ 事故を起こしかねない。
④ 彼を傷付けかねない。

2 ① お祝い申し上げます。
② お慶び申し上げます。
③ お祈り申し上げます。
④ お悔やみ申し上げます。

3 ① 細心の注意を払って警備にあたっ
ております。
② 細心の注意を払って工場にあたっ
ております。
③ 細心の注意を払って品質管理にあ
たっております。
④ 細心の注意を払って輸送にあたっ
ております。

4 ① 速達にて送ってくださいますか。
② 3割引きにてお譲りくださいます
か。
③ ドル建てにてお支払いくださいま
すか。

④ 低金利にてお貸しくださいますか。

第19課　　　　　　　　*p.162*

1　① 日頃から、いたずらをしないよう
　　　　にと
　　② 日頃から、かけごとをしないよう
　　　　にと
　　③ 日頃から、深酒をしないようにと
　　④ 日頃から、お客様に粗相のないよ
　　　　うにと

2　① 社長が退任するほかありません。
　　② もう一度作り直すほかありませ
　　　　ん。
　　③ B社と和解するほかありません。
　　④ C社を提訴するほかありません。

3　① 犯人が捕まれば済むということで
　　　　はありません。
　　② お金で解決すれば済むということ
　　　　ではありません。
　　③ お金を返せば済むということでは
　　　　ありません。
　　④ 自分だけ助かれば済むということ
　　　　ではありません。

4　① お気遣いなく
　　② お忘れなく
　　③ お間違えなく
　　④ ご心配なく

第20課　　　　　　　　*p.170*

1　① 怒って帰ったきり全然来ません。
　　② 一度デートしたきりその後連絡も
　　　　ありません。
　　③ 部屋に入ったきり何時間も出てき
　　　　ません。
　　④ 友達に本を貸したきり返って来ま
　　　　せん。

2　① 言いづらい。
　　② 歩きづらい。
　　③ 持ちづらい。
　　④ 食べづらい。

3　① お使いいただけます。
　　② お試しいただけます。
　　③ お買い求めいただけます。
　　④ お楽しみいただけます。

4　① 買い物のついでに公園を散歩しま
　　　　した。
　　② 駅まで行ったついでにスーパーに
　　　　寄りました。
　　③ 手紙を出したついでに切手を買い
　　　　ました。
　　④ 病院に行ったついでに本屋にも行
　　　　きました。

第01課　　　　　　　　　　　p.016

1　①A　いついらっしゃるんですか。
　　　B　今のところ来月から3ヶ月間を予定しているんですが。
　　②A　今月の何日いらっしゃるんですか。
　　　B　今のところ6日から1週間を予定しているんですが。
　　③A　どのくらいいらっしゃるんですか。
　　　B　今のところ来年から1年を予定しているんですが。
　　④A　どのくらいいらっしゃるんですか。
　　　B　今のところ4年間を予定しているんですが。

2　①A　開発はうまくいっていますか。
　　　B　苦戦しているので、こうしてご相談に上がった次第です。
　　②A　販売はうまくいっていますか。
　　　B　追加生産が決まったので、こうしてご報告に上がった次第です。
　　③A　新入社員の教育はうまくいっていますか。
　　　B　退社希望者が複数出たので、こうしてお電話差し上げた次第です。
　　④A　山本商事との顔つなぎはうまくいっていますか。
　　　B　担当者が変わったので、こうし

てご報告申し上げる次第です。

第02課　　　　　　　　　　　p.024

1　①A　この話はお聞きになりましたか。
　　　B　ええ、今同僚から聞いたところです。
　　②A　社長にはお会いになりましたか。
　　　B　ええ、さっきお目にかかったところです。
　　③A　課長とはお話しになりましたか。
　　　B　ええ、さっき電話で話したところです。
　　④A　サンプルはお受け取りになりましたか。
　　　B　ええ、今しがた確認したところです。

2　①A　もしできましたら出発を延期したいんですが。
　　　B　大丈夫だと思います。いつごろにしますか。
　　②A　もしできましたら1週間ずらしたいんですが。
　　　B　大丈夫だと思います。いつがよろしいですか。
　　③A　もしできましたら約束を早めたいんですが。
　　　B　大丈夫だと思います。何時ごろがいいですか。
　　④A　もしできましたら場所を変更したいんですが。

B 大丈夫だと思います。どちらが
　　いいですか。

B 三差路を右にですね。わかりま
　　した。

第03課　　　　　　　　　　p.034

1 ①A 失礼ですが、お名前は。
　　　B 申し遅れました、山下と申しま
　　　　す。
　　②A 失礼ですが、ご用件は。
　　　B 申し遅れました、新薬の販売で
　　　　参りました。
　　③A 失礼ですが、ご専攻は。
　　　B 申し遅れました、電子工学を
　　　　やっておりました。
　　④A 失礼ですが、ご出身は。
　　　B 申し遅れました、生まれも育ち
　　　　も東京です。

2 ①A 角を左に曲がられますと薬局が
　　　　あります。
　　　B 角を左にですね。わかりまし
　　　　た。
　　②A 信号を右に折れられますと喫茶
　　　　店があります。
　　　B 信号を右にですね。わかりまし
　　　　た。
　　③A この道をまっすぐ行かれますと
　　　　ホテルがあります。
　　　B この道をまっすぐですね。わか
　　　　りました。
　　④A 三差路を右に行かれますと6階
　　　　建てのビルがあります。

第04課　　　　　　　　　　p.042

1 ①A 貴社の製品を仕入れさせていた
　　　　だきたく、お邪魔させていただ
　　　　いた次第でございます。
　　　B 我が社は事業規模が小さいた
　　　　め、大量の注文は受けないこと
　　　　にしているんですが。
　　②A 韓国内で貴社の製品を販売した
　　　　く、お邪魔させていただいた次
　　　　第でございます。
　　　B 我が社は韓国に専属エージェント
　　　　があるため、そちらを通していた
　　　　だくことにしているんですが。
　　③A 貴社に業務提携をご提案申し上
　　　　げたく、お邪魔させていただい
　　　　た次第でございます。
　　　B 我が社は代々家族経営のため、
　　　　他社とは提携しないことにして
　　　　いるんですが。
　　④A 不動産投資についてお話させて
　　　　いただきたく、お邪魔させてい
　　　　ただいた次第でございます。
　　　B 我が社は余裕がないため、投資
　　　　は行わないことにしているんで
　　　　すが。

2 ①A せめて見積りだけでもご覧に
　　　　なっていただけないでしょう

か。
B それじゃ、机の上に置いといて
ください。
② A せめて時間だけでも調整してい
ただけないでしょうか。
B それじゃ、1時間ほど延ばしま
しょう。
③ A せめて手数料だけでも考えてい
ただけないでしょうか。
B それじゃ、手数料も含めること
にしましょう。
④ A せめてアクセサリーだけでも勉
強していただけないでしょうか。
B それじゃ、価格を2％下げるこ
とにします。

第05課　　　　p.050

1 ① A 先日はご丁寧にもお中元を頂戴
いたしましてありがとうござい
ました。
B つまらないものですから。
② A 先日はご丁寧にもお歳暮をお送
りくださいましてありがとうご
ざいました。
B こちらこそいつもお世話になっ
ておりますから。
③ A 先日はご丁寧にも東京都内をご
案内していただきましてありが
とうございました。
B 当たり前のことをしたまでです。
④ A 先日はご丁寧にも昇進祝いをい
ただきましてありがとうござい

ました。
B これからも頑張ってください。
2 ① A この機会に是非とも弊社の商品
をおすすめしたいと思いまして。
B それに関しては、一度使ってみ
てからでないと何とも言えませ
ん。
② A この機会に是非とも僕と付き
合ってほしいと思いまして。
B 交際に関しては、もっとお互い
のことを知ってからでないと何
とも言えません。
③ A この機会に是非とも家の建て替
えをご検討いただきたいと思い
まして。
B 建て替えに関しては、見積書を
みてからでないと何とも言えま
せん。
④ A この機会に是非とも貴社の商品
を買い付けたいと思いまして。
B 取引に関しては、貴社の会社概
要を見てからでないと何とも言
えません。

第06課　　　　p.058

1 ① A さっそくですが、先日電話でお
話した納品日の件なんですが。
B はい、その件に関しては資材部
の方から話は聞いております。
② A さっそくですが、先日電話でお
話したクレームの件なんですが。

B はい、その件に関してはお宅の
常務から話は聞いております。
③ A さっそくですが、先日電話でお
話した打ち合わせの件なんです
が。
B はい、その件に関しては担当者
から話は聞いております。
④ A さっそくですが、先日電話でお
話したプレゼンテーションの件
なんですが。
B はい、その件に関しては上司の
村上さんから話は聞いておりま
す。

2 ① A どこの支店にもまして接客が気
持ちいい店です。
B ありがとうございます。お客様
にご満足いただくべく特に優秀
なスタッフを集めました。
② A 去年にもまして今年の新作はい
いです。
B ありがとうございます。最高傑
作を生み出すべく特に優秀なス
タッフを集めました。
③ A 他社の製品にもまして性能のい
い製品です。
B ありがとうございます。最高の
品質を追求すべく特に優秀なス
タッフを集めました。
④ A 前作にもまして音の広がりがす
ごいです。
B ありがとうございます。音響面
にこだわった作品を作るべく特
に優秀なスタッフを集めまし

た。

1 ① A 材質にも何か新しい試みが見ら
れるんだとか。
B はい、伸縮性を持たせるために
独自のナイロンを開発しました。
② A ロボットにも何か新しい試みが
見られるんだとか。
B はい、自ら判断力を持たせるた
めに特殊なセンサーを取り付け
ました。
③ A ハードにも何か新しい試みが見
られるんだとか。
B はい、より安定した環境を作る
ために特殊なチップをはめ込み
ました。
④ A 包装にも何か新しい試みが見ら
れるんだとか。
B はい、より新鮮さを維持させる
ために特殊な真空パックを開発
しました。

2 ① A 味もさることながら、パッケー
ジにも気を使っておいしく見え
るようにしました。
B それは楽しみですね。
② A おもしろさもさることながら、
主人公の演技が引き立つように
しました。
B それは楽しみですね。
③ A 価格もさることながら、性能で

お客様にご納得いただけるよう
にしました。

B それは楽しみですね。

④ A デザインもさることながら、機
能性も損なわないようにしまし
た。

B それは楽しみですね。

第08課　p.074

1 ① A それじゃ、サンプルをもう少し
送っていただけないでしょうか。

B サンプルをですか。どのくらい。

② A それじゃ、価格をもう少し勉強
していただけないでしょうか。

B 価格をですか。何パーセントく
らい。

③ A それじゃ、受け渡し期日をもう
少し延ばしていただけないで
しょうか。

B 受け渡し期日をですか。何日ほ
ど。

④ A それじゃ、単価をもう少し負け
ていただけないでしょうか。

B 単価をですか。何パーセントほ
ど。

2 ① A もう少し納期を早めていただか
ないと、こちらとしても他社と
の契約を検討せざるを得ません。

B 納期は早めようがありません。

② A もう少し真面目に働いていただ
かないと、こちらとしても辞め

てもらわざるを得ません。

B これ以上真面目に働きようがあ
りません。

③ A もう少し差別化を図っていただ
かないと、こちらとしても再契
約は考えざるを得ません。

B コストを考えると、差別化しよ
うがありません。

④ A もう少し不良品を少なくしてい
ただかないと、こちらとしても
契約解除も視野に入れざるを得
ません。

B 今よりは減らしようがありま
せん。

第09課　p.082

1 ① A 新製品の件で、寄らせていただ
いたんですが。

B ちょうどこちらからメールをお
送りしようと思っていたところ
です。

② A 商品の不具合に関すること
ご連絡させていただいたんです
が。

B ちょうどこちらからお電話しよ
うと思っていたところです。

③ A 納期に関してメールをお送りさ
せていただいたんですが。

B ちょうどこちらからご連絡差し
上げようと思っていたところで
す。

④ A 当社から派遣している契約社員

の件で訪問させていただいたん
です<ruby>が<rt></rt></ruby>。

B ちょうどこちらから伺おうと思
っていたところです。

2 ①A 私が直接作らせていただきます。

B そこまでしてくださるなら、こ
ちらもお願いするよりほかあり
ませんね。

②A ２０％割引させていただきます。

B そこまで言ってくださるなら、
こちらも買うよりほかありませ
んね。

③A 直接お宅まで届けさせていただ
きます。

B そこまでサービスしてくださる
なら、こちらも契約するよりほ
かありませんね。

④A 私が念書を書かせていただきま
す。

B そこまで言ってくださるなら、
こちらも納得するよりほかあり
ませんね。

第10課　　　　　　　　　　　　*p.090*

1 ①A 打ち合わせは明後日ということ
でいかがですか。

B うーん、それはちょっと困りま
すね。

②A 協議は部長が帰り次第というこ
とでいかがですか。

B うーん、それはちょっと困りま

すね。

③A 懇親会は年末ということでいか
がですか。

B うーん、それはちょっと困りま
すね。

④A 取引は見送りということでいか
がですか。

B うーん、それはちょっと困りま
すね。

2 ①A 体調が悪いんです。

B 事情はわからないこともない
ですが、もう少し仕事のペース
を上げていただけないでしょう
か。

②A 字が下手なんです。

B 読めないこともないですが、も
う少し丁寧に書いていただけな
いでしょうか。

③A 機械が故障したんです。

B 間に合わないこともないです
が、もう少し早く仕上げていた
だけないでしょうか。

④A これがぎりぎりの線なんです。

B コストが上がっていることはわ
からないこともないですが、も
う少し単価を押さえていただけ
ないでしょうか。

第11課　　　　　　　　　　　　*p.098*

1 ①A 受賞の暁には一度ごちそうさせ
ていただきます。

B 次はおごってもらいます。
② A 契約が成立した暁にはお礼をさ
せていただきます。
B 次はこちらの条件をのんでもら
います。
③ A 落札の暁には挨拶に伺わせてい
ただきます。
B 次は折れてもらいます。
④ A 役員就任の暁にはポストを一つ
用意させていただきます。
B 次は私の要望も聞いてもらいま
す。

2 ① A 価格はホームページに書いてあ
るとおりに。
B では、商品を配送させていただ
きます。
② A 会議は昨日の話のとおりに。
B では、こちらで場所の準備をさ
せていただきます。
③ A 変更事項はこちらが指定したと
おりに。
B では、さっそく作業に入らせて
いただきます。
④ A スケジュールは前回決定したと
おりに。
B では、関係各位にメールを送ら
せていただきます。

第12課　p.106

1 ① A 雨にもかかわらず、ご来場くだ
さってありがとうございます。

B こちらこそ、素敵な展示会を開
いてくださいましてありがとう
ございます。
② A ご多忙中にもかかわらず、ご協
力くださってありがとうございま
す。
B こちらこそ、素晴らしいチーム
に参加させていただきましてあ
りがとうございます。
③ A こちらがミスしたにもかかわら
ず、ご寛大な処置をとってくだ
さってありがとうございます。
B こちらこそ、誠意のある対応を
していただきましてありがとう
ございます。
④ A 未完成にもかかわらず、購入を
決定してくださってありがとう
ございます。
B こちらこそ、専売契約を結んで
くださいましてありがとうござ
います。

2 ① A 一冊当り５５０円で貴社にお出
ししていましたが、４０円値上
げの５９０円でいかがなもので
しょうか。
B 困りましたね。当社として準備
しましたものは５０円値下げの
５００円なんですが。
② A 一枚当り８７０円で貴社にお出
ししていましたが、３０円値上
げの９００円でいかがなもので
しょうか。
B 困りましたね。当社として準備

しましたものは２０円値下げの
８５０円なんですが。

③ A 一足当り６３００円で貴社にお
出ししていましたが、２００円
値上げの６５００円でいかがな
ものでしょうか。

B 困りましたね。当社として準備
しましたものは１００円値下げ
の６２００円なんですが。

④ A 一着当り１２５００円で貴
社にお出ししていましたが、
１２００円値上げの１３７００
円でいかがなものでしょうか。

B 困りましたね。当社として準備
しましたものは６００円値下げ
の１１９００円なんですが。

第13課　　　　　　　　　　　p.114

1 ① A 労働組合がストに入りそうだと
いうことですね。

B そうです。経営者が変わってか
らというもの、労使関係がうま
くいっていませんので。

② A 株価が下がったということです
ね。

B そうです。今月に入ってからと
いうもの、輸出が鈍っています
ので。

③ A 納期が遅れそうだということで
すね。

B そうです。地震が発生してから
というもの、資材が入ってきて

いませんので。

④ A 今月の家賃が払えないというこ
とですね。

B そうです。母が倒れてからとい
うもの、つきっきりで看病して
いますので。

2 ① A このままでは工場が大変厳しい
状態におかれてしまいます。

B その代わりといってはなんです
が、利息の支払いを６ヶ月待つ
ということでいかがでしょうか。

② A このままでは会社が大変厳しい
状態におかれてしまいます。

B その代わりといってはなんです
が、当分の間、前の方で代替す
るということでいかがでしょう
か。

③ A このままでは海外支社が大変厳
しい状態におかれてしまいます。

B その代わりといってはなんです
が、現地の法人として認めると
いうことでいかがでしょうか。

④ A このままでは組合が大変厳しい
状態におかれてしまいます。

B その代わりといってはなんです
が、来月から全員本採用すると
いうことでいかがでしょうか。

第14課　　　　　　　　　　　p.122

1 ① A 発注量を２．５割増やしていた
だけるのですから、それは大変

有り難い話ですが、その分、割
増分は保証期間なしではあまり
効果は期待できません。

B こちらは２．５割の増加で十分
に可能と見たんですが。

② A パートを１割増やしていただけ
るのですから、それは大変有り
難い話ですが、その分、残業時
間延長ではあまり効果は期待で
きません。

B こちらは１割の増加で十分に可
能と見たんですが。

③ A 工作機械を３台増やしていただ
けるのですから、それは大変有
り難い話ですが、その分、送料
負担ではあまり効果は期待でき
ません。

B こちらは３台の増加で十分に可
能と見たんですが。

④ A ロボットを５台増やしていただ
けるのですから、それは大変有
り難い話ですが、その分、人員
削減ではあまり効果は期待でき
ません。

B こちらは５台の増加で十分に可
能と見たんですが。

2 ① A 彼の作品はいかがなものでしょ
う。

B 名作とはいかないまでも佳作と
はいえるでしょう。

② A この契約の条件はいかがなもの
でしょう。

B おいしい条件とはいえないまで

もまずまずでしょう。

③ A 彼の働きぶりはいかがなもので
しょう。

B １００点とはいかないまでも及
第点はつけられるでしょう。

④ A この会社はいかがなものでしょ
う。

B パートナーにしたいとはいえな
いまでも悪い会社ではないでし
ょう。

1 ① A 部長、毎月２００個で合意いた
しました。

B それはよかったです。新井課
長、これからもよろしくお願い
します。

② A 部長、一個当り０．６％値引き
で合意いたしました。

B それはよかったです。大山課
長、これからもよろしくお願い
します。

③ A 部長、１０台までは４．５％、
それ以上は５％で合意いたしま
した。

B それはよかったです。山本課
長、これからもよろしくお願い
します。

④ A 部長、追加５％安で合意いたし
ました。

B それはよかったです。清水課
長、これからもよろしくお願い

します。

2 ①A この度、お買い上げ賜りまし
て、厚くお礼申し上げます。
B いろいろお手数をおかけいたし
ました。
②A この度、ご用命賜りまして、厚
くお礼申し上げます。
B いろいろご面倒をおかけいたし
ました。
③A この度、ご足労賜りまして、厚
くお礼申し上げます。
B いろいろご迷惑をおかけいたし
ました。
④A この度、ご尽力賜りまして、厚
くお礼申し上げます。
B いろいろご心配をおかけいたし
ました。

第16課　　　　　　　　　p.140

1 ①A 接待の席で弊社の社員が羽目を
はずしておりまして、貴社に大
変ご迷惑をおかけいたしまし
た。
B 別に気にしなくてもよかったの
ですが。
②A 弊社より顧客情報が流出してお
りまして、貴社に大変ご迷惑を
おかけいたしました。
B 違約金までいただかなくてもよ
かったのですが。
③A 運送中に物品を破損しております

して、貴社に大変ご迷惑をおか
けいたしました。
B 部長直々にお越しいただかなく
てもよかったのですが。
④A 弊社から逮捕者が出ておりまし
て、貴社に大変ご迷惑をおかけ
いたしました。
B そんな、土下座までしていただ
かなくてもよかったのですが。

2 ①A ところで原因はわかりましたか。
B 早速、原因を調査いたしました
ところ、縫製する時に問題が生
じたことが判明いたしました。
②A ところで原因はわかりましたか。
B 早速、原因を調査いたしました
ところ、コンピューターの誤作
動で問題が生じたことが判明い
たしました。
③A ところで原因はわかりましたか。
B 早速、原因を調査いたしました
ところ、塗装の過程で問題が生
じたことが判明いたしました。
④A ところで原因はわかりました
か。
B 早速、原因を調査いたしました
ところ、鋳型を作る時に問題が
生じたことが判明いたしました。

第17課　　　　　　　　　p.148

1 ①A 残念なことに田中課長は辞めて
しまったようです。

B こちらとしましても慰留したん
ですが。

② A 腹立たしいことに商品に異物が
入っていたようです。

B こちらとしましても衛生面には
気をつけているんですが。

③ A 困ったことに貴社の吉田さんの
セクハラがひどいようです。

B こちらとしましても彼には十分
注意したんですが。

④ A 呆れたことにまだ荷物が届かな
いようです。

B こちらとしましても先月お送り
したはずなんですが。

2 ① A どうも貴社の出荷の際の不注意
ではないかと思うんですが。

B 申し訳ございません。社に戻り
まして、早速、伝票を確認いた
しまして、至急ご送付いたしま
すので。

② A どうも貴社の発送の際の確認ミ
スではないかと思うんですが。

B 申し訳ございません。社に戻り
まして、早速、新しいものを準
備いたしまして、至急ご送付い
たしますので。

③ A どうも貴社の仕分けの際の間違
いではないかと思うんですが。

B 申し訳ございません。社に戻り
まして、早速、代替品を揃えま
して、至急ご送付いたしますの
で。

④ A どうも貴社の仕上げの際の誤作

動ではないかと思うんですが。

B 申し訳ございません。社に戻り
まして、早速、機械を調整いた
しまして、至急ご送付いたしま
すので。

第18課 *p.156*

1 ① A 先日弊社より再度発送いたしま
した青磁が破損して到着し、貴
社に大変御迷惑をおかけいたし
ました。なんとお詫びしたらよ
いか……。

B 今後はこのようなことのないよ
うに一層のご配慮をお願いしま
す。

② A 先日弊社より再度発送いたしま
した電球が破損して到着し、貴
社に大変御迷惑をおかけいたし
ました。なんとお詫びしたらよ
いか……。

B 今後はこのようなことのないよ
うに一層のご配慮をお願いしま
す。

③ A 先日弊社より再度納品いたしま
したクリスタルが破損して到着
し、貴社に大変御迷惑をおかけ
いたしました。なんとお詫びし
たらよいか……。

B 今後はこのようなことのないよ
うに一層のご配慮をお願いしま
す。

④ A 先日弊社より再度お送りいたし

ました化粧品が破損して到着し、貴社に大変御迷惑をおかけいたしました。なんとお詫びしたらよいか……。
B 今後はこのようなことのないように一層のご配慮をお願いします。

2 ①A 今後は二度とこのようなミスをすることのないように検品にはさらに注意をいたします。
B 特に生物には注意してください。
②A 今後は二度とこのような不祥事を起こすことのないように社員教育にはさらに注意をいたします。
B 特に機密情報の取り扱い方について教育してください。
③A 今後は二度とこのような失態をお見せすることのないように飲み過ぎにはさらに注意をいたします。
B 特に接待の席では自重してください。
④A 今後は二度とこのような事故を起こすことのないように運転にはさらに注意をいたします。
B 特に夜勤明けの運転に気をつけてください。

第19課 p.164

1 ①A 本人も自身の曖昧さを深く反省いたしておりますもので、今日だけはどうか……。
B まあ、わかってくだされればそれでいいんですが。
②A 本人も不甲斐なさを深く反省いたしておりますもので、今日だけはどうか……。
B まあ、わかってくだされればそれでいいんですが。
③A 本人も自業自得と深く反省いたしておりますもので、今日だけはどうか……。
B まあ、わかってくだされればそれでいいんですが。
④A 本人も自分の身から出た錆と深く反省いたしておりますもので、今日だけはどうか……。
B まあ、わかってくだされればそれでいいんですが。

2 ①A 本当にお宅ではお子さんに日頃からどのような教育をしているんですか。
B 日頃から、人に迷惑をかけることのないようにと、きびしく指導してまいりましたが、私の育て方が間違っていたと申すほかありません。
②A 本当にお宅では生徒に日頃からどのような教育をしているんですか。
B 日頃から、問題を起こすことのないようにと、きびしく指導してまいりましたが、私の責任と申すほかありません。

③ A 本当にお宅ではアルバイトに日頃からどのような教育をしているんですか。
B 日頃から、お客様第一主義を忘れることのないようにと、きびしく指導してまいりましたが、私の監督の不行き届きと申すほかありません。
④ A 本当にお宅では職員に日頃からどのような教育をしているんですか。
B 日頃から、倫理規定を破ることのないようにと、きびしく指導してまいりましたが、私の指導力不足と申すほかありません。

第20課　p.172

1 ① A カード紛失センターの佐藤が承ります。
B 帰り道でカードを落としちゃったみたいなんだけど。
② A お問い合わせ窓口の鈴木が承ります。
B テレビでそちらの会社の商品を見たんだけど。
③ A コールセンターの高橋が承ります。
B お宅の会社の商品でわからないことがあるんだけど。
④ A お客様専用ダイヤルの田中が承ります。
B そちらの商品でアレルギーが出たんだけど。

2 ① A 今なら特価でお買い求めいただけます。
B ついでに他の商品も紹介してくれますか。
② A スペシャルコースをお楽しみいただけます。
B ついでに他のコースも説明してくれますか。
③ A こちらでお休みいただけます。
B ついでに布団も持ってきてくれますか。
④ A ３００以上のチャンネルをご覧いただけます。
B ついでにケーブルテレビの工事もしてくれますか。

MEMO

MEMO